지은이

법무법인 센트로

'법무법인 센트로'는 김정우, 김향훈 대표 변호사를 주축으로 도시정비 관련 소송 및 법률자문을 수행하는 변호사들로 구성된 재개발·재건축 전문 부띠끄 로펌이다. 조합설립인가처분 취소소송, 사업시행계획 취소소송, 관리처분계획 취소소송, 수용재결 업무, 명도소송, 손실보상금소송, 매도청구소송, 공사대금소송, 정산소송, 아파트 하자에 갈음하는 손해배상청구소송, 시공사 대여금 청구, 총회결의 무효확인 청구, 형사고소대리 등 2만여 건 이상의 재개발·재건축 소송과 법률자문을 수행했다. 센트로 변호사들은 대한변호사협회, 부산고등법원, 수원고등법원, 광주광역시, 시흥시, 주거환경연구원 등을 포함한 각종 공공기관에서 60회 이상의 외부 강연활동을 수행하여 그 실력을 인정받고 있으며, 《재개발·재건축 법률상식 119》, 《재건축 재개발 법령집》 등 다수의 저술 활동을 했다.

김정우

대한변호사협회 등록 재개발 재건축, 경매 전문 변호사, 한국부동산원 자문위원, 안양시 정비사업 실태점검위원, 시흥시 정비사업 민간전문위원, 박문각 부동산 창업 아카데미 교수, 주거환경연구원 전문강사로 정비사업 분야에서 활약하고 있다. 투미TV, 집코노미, 압구정수달TV, 센트로TV 등 다수 유튜브 방송에 출연 중이다.

주영

2005년 김향훈 대표 변호사와 법무법인 센트로를 창립했다. 현재까지 도시정비법과 토지보상법을 20년간 연구했다. 전주대학교 경찰행정학과 문헌정보학을 전공하고, 동국대학교에서 행정법을 전공으로 법학석사 학위를 취득 및 박사과정을 수료했다.

지은이 _____

유재벌
대한변호사협회 등록 재개발 재건축, 경매 전문 변호사이다. 동국대학교 경찰행정학과를 졸업하고 ROTC로 임관하여 육군 중위로 전역하였다. 정비사업전문관리사, 공인중개사, 리모델링사업관리사 자격을 보유하고 있다. 현재, 재개발·재건축·리모델링 및 건설 분야에서 활발히 활동하고 있다.

이희창
대한변호사협회 등록 재개발 재건축, 부동산 전문 변호사, 도시정비법과 소규모주택정비법 전문가로서 다수의 조합 법률자문 및 소송 대리를 수행하고 있으며, 농협은행 WM사업부 협력 변호사로 활동하고 있다.

임형준
한양대학교 법학과, 한양대학교 법학전문대학원을 졸업했다. 대한변호사협회에서 인정한 재개발, 재건축, 부동산 전문 변호사로 재건축, 재개발, 건설, 리모델링, 하자소송, 지역주택조합 등 부동산 관련한 소송, 자문 등 업무를 활발히 수행하고 있다.

김택종
재개발·재건축·리모델링 등 부동산 개발사업 분야에서 활발히 자문과 소송을 수행했다. 아파트 등 공동주택 하자소송에도 풍부한 경험이 있으며, 지자체 대상 강의와 언론사 칼럼 활동을 이어가고 있다.

정효이
도시정비법 전문가로서 다수의 조합 자문과 사건 수행을 맡고 있으며 현금청산자를 대리해 소송을 수행 중이다. 〈머니투데이〉, 〈하우징워치〉에 도시정비법 관련 칼럼을 기고하고 있다.

조합임원과 현장 실무자를 위한
재개발
재건축
성공 길잡이

조합임원과
현장 실무자를 위한
재개발 재건축
성공 길잡이

초판 1쇄 인쇄 2025년 6월 13일
초판 1쇄 발행 2025년 6월 24일

지은이 법무법인 센트로

펴낸이 김찬희
펴낸곳 끌리는책

출판등록 신고번호 제25100-2011-000073호
주소 서울시 구로구 연동로 11길 9, 202호
전화 영업부 (02)335-6936 편집부 (02)2060-5821
팩스 (02)335-0550
이메일 happybookpub@gmail.com
페이스북 www.facebook.com/happybookpub
블로그 blog.naver.com/happybookpub

ISBN 979-11-989397-5-3 13360
값 20,000원

- 잘못된 책은 구입하신 서점에서 교환해드립니다.
- 이 책 내용의 일부 또는 전부를 재사용하려면 반드시 사전에 저작권자와 출판권자에게 서면에 의한 동의를 얻어야 합니다.

조합임원과 현장 실무자를 위한

재개발
재건축
성공 길잡이

지은이
법무법인 센트로

프롤로그

오늘도 재개발 재건축 현장에서 땀 흘리고 있는 분들께

| 조합임원이 반드시 마주하게 될 현실적인 문제들을
　해결하기 위한 지침서

　재개발 재건축은 단순한 부동산 개발 사업이 아닙니다. 수백에서 수천 명의 이해 관계인이 얽히고, 수십 년간 쌓인 삶의 터전과 기억이 맞물려 있으며, 행정절차와 법적 요건이 복잡하게 설킨 종합적 정비사업입니다. 그런 사업의 최전선에는 조합장이 있고, 이사와 감사가 있습니다. 바로 '조합임원'입니다.

　제가 이 분야에서 마주한 수많은 사건과 현장은, 조합임원이라는 위치가 얼마나 무거운 책임을 지니고 있는지 여실히 보여주었습니다. 조합임원은 말 그대로 '조합원들의 대표'로서 신뢰받는 자리이기도 하지만, 동시에 각종 분쟁과 민원 그리고 감당하기 어려운 결정의 연속 속에서 법적 책임의 경계 위에 서 있는 자리이기도 합니다.

많은 조합임원이 재개발 재건축사업에 대한 열정과 책임감으로 그 역할을 자임하였지만, 정비사업의 구조와 법제를 충분히 이해하지 못해 예기치 못한 분쟁에 휘말리거나, 사소한 실수로 전체 사업을 수년간 지연시키는 경우를 종종 보았습니다. 정비사업은 '잘 몰랐기 때문에 생기는 실수'가 가장 치명적인 결과를 초래하는 분야입니다.

| **재개발 재건축 실무 전문가 7인의 언어로 정비사업을 해석**

재개발 재건축 현장에서는 수많은 소송이 발생하고 있습니다. 그러나 싸움은 최소화되어야 합니다. 재개발 재건축 현장에서 법적인 실수로 발생한 소송으로 인하여 돌이킬 수 없는 손해를 보는 조합의 사례를 자주 보았습니다. 그래서 '예방이 곧 최고의 전략'이라는 생각으로 이 책을 썼습니다.

이 책의 내용은 대부분 실제 분쟁사례와 판례를 바탕으로 구성되었습니다. 재개발 재건축 현장에서 쌓아온 수많은 경험을 온전히 담기 위해 노력하였고, 실무 전문가 7인(김정우, 김택종, 유재벌, 이희창, 임형준, 정효이, 주영)이 힘을 모아 집필했습니다. 이 책을 통해 배우게 될 내용은 실제 재개발 재건축 조합에서 발생했던 사건에서 출발했기에 문장 하나, 예시 하나도 허공에 뜬 이론이 아니라 곧 재개발 재건축사업 현장에서 마주할 문제들입니다.

| 정비사업은 법의 이름으로 움직이는 현실

도시정비법, 토지보상법, 국토계획법, 건축법 등 정비사업에는 수많은 법령이 얽혀 있습니다. 여기에 판례와 행정청의 유권해석, 각 지방자치단체의 조례까지 고려해야 하니 조합임원들이 이를 감당하는 것은 거의 불가능에 가깝습니다.

중요한 사실은 조합임원에게는 "몰랐으니 책임 없다"라는 변명이 통하지 않는다는 점입니다. 잘못된 동의서 징구, 부적절한 용역계약 체결, 정보공개의무 위반, 사업비 집행의 절차적 하자, 조합원자격 분쟁 등은 민·형사상 책임으로 이어질 수 있습니다.

이 책은 이런 위험에서 여러분을 보호하고 동시에 조합 운영을 보다 효율적이고 안정적으로 이끌 수 있도록 돕기 위한 도구입니다.

조합임원을 위한 '실전 가이드'

 이 책은 복잡한 정비사업을 쉽게 풀어보자는 마음으로 집필했습니다. 실제 현장에서 조합임원들이 가장 많이 물어보는 질문들, 헷갈리는 법적 문제들, 자주 다투는 쟁점들을 정리했고 그에 대한 판례와 실무적인 조언을 함께 담았습니다.

 예를 들면 이런 내용입니다.
- 조합임원이 되기 위한 자격 요건은 무엇이고, 결격 사유나 당연퇴임 사유는 어떤 경우에 적용되나요?
- 매도청구, 명도소송, 현금청산 등과 같은 조합 운영의 핵심 절차는 어떤 방식으로 진행되며, 실무상 유의할 점은 무엇인가요?
- 정보공개청구가 들어왔을 때 조합은 어떤 범위까지 응해야 하며, 열람·복사 요청에 대한 적절한 대응 방법은 무엇인가요?
- 시공자 또는 협력업체를 선정할 때 조합은 어떤 절차에 따라야 하며, 법적 분쟁을 방지하기 위해 주의해야 할 사항은 무엇인가요?
- 조합원으로서 분양자격을 갖추기 위한 요건은 무엇인가요?

 이런 질문들은 책상 앞에 앉아 법전만 들여다봐서는 절대 답할 수 없습니다. 수많은 현장과 소송을 경험한 실무자로서 조합임원들이 '지금 당장' 겪고 있는 문제에 실질적인 답을 주고 싶은 바람으로 책을 쓰기 시작했습니다. 현장의 말, 실무자의 언어로 쓴 친절한 안내서라고 확신합니다.

책상 위에 늘 펼쳐두고 참고하는 조력자

정비사업은 길고 또 변화무쌍합니다. 처음엔 설레지만 점점 지치게 하고 끝에 다다르면 기쁨보다 후회가 남는 사례가 많습니다. 그러나 '잘 준비된 조합'은 다릅니다. 제대로 알고 시작하면 분쟁을 줄일 수 있고, 시간을 아낄 수 있고, 조합원들의 신뢰도 얻을 수 있습니다. 이 책이 여러분의 책상 위에 늘 펼쳐져 있는 '실무 파트너'가 되기를 바랍니다. 모르는 게 생길 때마다, 고민이 생길 때마다 이 책을 펼쳐보며 '아, 이건 이렇게 하면 되는구나!' 하고 한숨 돌릴 수 있으면 좋겠습니다. 그리고 무엇보다, 그 어려운 자리에서 묵묵히 책임을 다하고 있을 모든 조합임원 여러분께 진심 어린 응원의 말씀을 전합니다.

2025년 봄

법무법인 센트로 대표 변호사 김정우

이 책에서 언급하고 있는 관련 법령의 명칭은 아래와 같이 축약하여 사용하였습니다.

- 도시 및 주거환경정비법 : 도시정비법
- 국토의 계획 및 이용에 관한 법률 : 국토계획법
- 재건축초과이익환수에 관한 법률 : 재초환법
- 학교용지확보 등에 관한 특례법 : 학교용지법
- 공익사업을 위한 토지 등의 취득 및 보상에 관한 법률 : 토지보상법

목차

프롤로그 – 오늘도 재개발 재건축 현장에서 땀 흘리고 있는 분들께   004

1장 재개발 재건축 누가 추진하나

1. 정비사업의 시작, 재개발 재건축 준비위원회와 조합설립추진위원회의
   의미 _유재벌   015
2. 재개발 재건축 준비위원회·조합설립추진위원회 구성과 위원의 자격요건
   _유재벌   022
3. 정비구역은 누가 어떻게 지정하나 _김택종   027
4. 주민제안형 정비계획 입안에 관한 여러 문제 _임형준   030
5. 조합설립추진위원회가 체결한 계약은 누가 책임지나 _김택종   034
6. 조합설립추진위원회가 선정한 정비업체의 포괄승계 범위 _김정우   038
7. 조합설립추진위원회와 상가 합의는 조합에 구속력 있나 _김정우   042

2장 분쟁의 지뢰밭 피해 가는 방법

1. 조합설립동의서 서명, 지장도 대행할 수 있나 _김정우   047
2. 조합설립동의서 재사용특례, 동의서 어디까지 재사용할 수 있나 _김택종   052
3. 재개발 재건축조합 임원자격 및 결격사유에 관한 최근 분쟁 사례 _유재벌   057
4. 재개발 재건축조합에 비상근 조합장 가능한가 _김정우   064

5. 임기 만료된 조합임원의 직무수행권_김정우　　　　　　　　　068
6. 조합임원 연임 시 임원 선출 절차는 다시 거쳐야 하나_임형준　　072
7. 대의원 수 미달 시 대의원 선거는 어떻게 하나_이희창　　　　076
8. 경미한 변경이 누적되어 사업비가 10% 이상 증액되면_김택종　081
9. 정보공개의무에 관해 알아둘 점_이희창　　　　　　　　　　　084
10. 정보공개 규정 개정이 절실한 이유_김정우　　　　　　　　　088
11. 불분명하거나 방대한 열람·복사 요청에 조합이 대응하는 방법_김정우　092

3장　역전되는 갑을 관계에서 살아남기

1. 재개발 재건축 시공자 선정 절차와 법적 쟁점_유재벌　　　　098
2. 시공사 선정에 관한 업무의 지원과 형사처벌_임형준　　　　　104
3. 정비사업 협력업체 선정 시 알아둘 점_이희창　　　　　　　　107
4. 재개발 재건축 정비사업 협력업체 선정할 때 주의할 점_유재벌　111

4장　조합원 분양자격과 입주권 분쟁 정확히 파악하기

1. 재개발 재건축구역 내 조합원 아파트 분양에 관한 최근 분쟁 사례_유재벌　117
2. 재개발 재건축 5년 재당첨 제한 규정의 내용과 문제점_김정우　122

3. 다물권자 물건은 대법원 판결 모르고 사면 쪽박 _김정우	127
4. 후발적 다물권자와 조합원 지위 _김정우	131
5. 투기과열지구 재건축구역에서 일부 지분 양수 시 현금청산되나 _김정우	135
6. '조합원 전원의 동의'가 필요한 재건축 상가조합원에 대한 아파트 분양 _김정우	139

5장 수억 원 절약하는 매도청구소송과 명도소송 비결

1. 재건축조합설립 미동의자에 대한 매도청구 _유재벌	145
2. 재건축 분양 미신청자에 대한 매도청구에서 알아둘 점 _이희창	150
3. 재개발 재건축 정비사업 '일괄명도' 소송의 중요성 _유재벌	155
4. 분양계약을 체결하지 아니한 경우 현금청산과 명도 문제 _유재벌	158

6장 관리처분계획과 현금청산, 이것만은 반드시 점검하자

1. 신뢰보호원칙과 관리처분계획의 위법성 _김정우	165
2. 재개발구역 종교시설 분쟁에 피눈물 나는 조합원 _김정우	169
3. 재개발 재건축조합과 종교단체의 상생(相生) _이희창	174
4. 조합이 현금청산자에게 정비사업비를 부과할 수 있는 방법 _김정우	178
5. 현금청산자의 정비사업비 부담 관련 필수 체크 포인트 _정효이	182
6. 사업구역 내 미이주자에 대한 손해배상청구 _정효이	187

7장 재개발 수용재결실무 비법 공개

1. 조합이 관리처분계획인가고시를 기다리지 않고 협의기간 만료 후
   바로 토지수용절차를 진행할 수 있나_주영 ... 193
2. 보상금증액소송에서 감정평가 결과 보상금이 증액되어도 청구가
   기각되는 경우_주영 ... 202
3. 수용재결이 있었음에도 이주하지 않으면 형사처벌_주영 ... 206
4. 현금청산금에서 이주비 대출금 및 그 이자는 반환 또는 공제대상_주영 ... 209
5. 20일 범위 안에서 분양신청기간을 연장할 경우_주영 ... 212
6. 현금청산금액이 협의금액보다 더 낮게 나올 수 있나_주영 ... 215

8장 조합원의 각종 부담금 반환청구 방법과 조합사업 마무리

1. 학교용지부담금 부과에 대한 대응 방안_유재벌 ... 221
2. 국·공유지 매매계약 관련 부당이득금 반환의 문제_정효이 ... 229
3. '재건축초과이익환수제'는 블랙코미디_김정우 ... 234
4. 재건축초과이익환수에 대한 원론적인 고찰_김택종 ... 239
5. 재개발 재건축조합 해산 규정 보완이 필요하다_김정우 ... 243

에필로그 – 재개발 재건축의 기준과 나침반이길 소망합니다 ... 247

1장
재개발 재건축
누가 추진하나

1. 정비사업의 시작, 재개발 재건축 준비위원회와 조합설립추진위원회의 의미 _유재벌
2. 재개발 재건축 준비위원회·조합설립추진위원회 구성과 위원의 자격요건 _유재벌
3. 정비구역은 누가 어떻게 지정하나 _김택종
4. 주민제안형 정비계획 입안에 관한 여러 문제 _임형준
5. 조합설립추진위원회가 체결한 계약은 누가 책임지나 _김택종
6. 조합설립추진위원회가 선정한 정비업체의 포괄승계 범위 _김정우
7. 조합설립추진위원회와 상가 합의는 조합에 구속력 있나 _김정우

1. 정비사업의 시작, 재개발 재건축 준비위원회와 조합설립추진위원회의 의미 _유재벌

　재개발 재건축 정비사업은 조합이 시행자가 되는 방식이 대부분이나 최근에는 신탁사가 시행자가 되는 방식, 한국토지주택공사나 서울주택도시공사 등이 시행자가 되는 방식도 증가하는 추세다. 우선 재개발 재건축에 관심이 많고 적극적인 주민들을 중심으로 가칭 '준비위원회'라는 임의조직을 구성하여 재개발 재건축 홍보활동, 추진위원회 구성을 위한 준비 등을 하기 시작한다. 특히 최근 노후계획도시정비 및 지원에 관한 특별법(이하 '노후계획도시정비법')이 시행됨에 따라 분당·일산·평촌 등 1기 신도시의 모든 단지에서는 추진준비위원회를 구성하여 선도지구로 선정되기 위한 노력을 많이 했다.

　재개발 재건축조합을 설립하기 위해서는 '정비구역지정·고시 후' '토지등소유자의 과반수의 동의'를 받아 조합설립추진위원회를 구성하여 시장·군수 등의 승인을 받아야 했는데, 최근 도시정비법이 개정되어 정비구역으로 지정·고시되지 아니한 지역에서도 ①정비예정구역이 설정된 지역, ②정비구역의 지정을 위한 정비계획의 입안 요청이나 정비계획의 입안 제안에 따라 정비계획의 입안을 결정한 지역, ③정비계획의 입안을 위하여 주민에게 공람한 지역에서는 추진위원회를 구성할 수 있다. 이 규정은 2024. 12. 3. 신설되어 2025. 6. 4. 시행된다.

조합설립추진위원회가 구성되기 위해서는 토지등소유자 과반수의 동의가 필요한데, 이때 '토지등소유자'는 재개발사업의 경우 '정비구역에 위치한 토지 또는 건축물의 소유자 또는 그 지상권자', 재건축사업의 경우 '정비구역에 위치한 건축물 및 그 부속토지의 소유자'로 규정하고 있어 양자의 구별이 필요하다. 특히 신탁업자가 사업시행자로 지정된 경우, 토지등소유자가 정비사업을 목적으로 신탁업자에게 신탁한 토지 또는 건축물에 대하여는 위탁자를 토지등소유자로 본다고 법에 명시하였다.

토지등소유자의 동의자 수 산정 방법에 관하여 도시정비법 시행령은 다음과 같은 기준을 명시하고 있다.

재개발의 경우 ①1필지의 토지 또는 하나의 건축물을 여럿이서 공유하는 경우에는 해당 토지 또는 건축물 토지등소유자 4분의 3 이상 동의를 받아 이를 대표하는 1인을 토지등소유자로 산정하고, ②토지에 지상권이 설정되어 있는 경우 토지의 소유자와 해당 토지의 지상권자를 대표하는 1인을 토지등소유자로 산정하며, ③1인이 다수 필지의 토지 또는 다수 건축물을 소유하고 있는 경우에는 필지나 건축물의 수와 관계없이 토지등소유자를 1인으로 산정한다. ④둘 이상의 토지 또는 건축물을 소유한 공유자가 동일한 경우에는 그 공유자 여럿을 대표하는 1인을 토지등소유자로 산정한다. 다만 ③의 경우 재개발사업으로서 토지등소유자가 20인 미만인 경우에 해당하여 토지등소유자가 시행하거나 토지등소유자가 토지등소유자 과반수의 동의를 받아 건설업자와 공동으로 시행하는 경우에는 토지등소유자가 정비구역 지정 후에 정비사업을 목적으로 취득한 토지 또는 건축물에 대해서는 정비구역지정 당시의 토지 또는 건축물의 소유자를 토지등소유자 수에 포함하여 산정하되, 이 경우 동의 여부는 이를 취득한 토지등소유자에 따른다.

재건축의 경우 ①소유권 또는 구분소유권을 여럿이서 공유하는 경우에는 그 여럿을 대표하는 1인을 토지등소유자로 산정하고, ②1인이 둘 이상의 소유권 또는 구분소유권을 소유하고 있는 경우에는 소유권 또는 구분소유권의 수와 관계없이 토지등소유자를 1인으로 산정하며, ③둘 이상의 소유권 또는 구분소유권을 소유한 공유자가 동일한 경우에는 그 공유자 여럿을 대표하는 1인을 토지등소유자로 한다.

　조합설립추진위원회를 구성하여 승인받으려는 자는 법정동의서인 '조합설립추진위원회 승인신청서'에 토지등소유자의 명부, 토지등소유자의 동의서, 추진위원장 및 위원의 주소 및 성명, 추진위원회 위원 선정을 증명하는 서류를 첨부하여 시장·군수 등에게 제출하여야 한다.

　이때 토지등소유자의 동의는 시장·군수 등이 검인한 '정비사업 조합설립추진위원회 구성동의서'에 토지등소유자가 성명을 적고 지장을 날인하는 방법으로 하며, 주민등록증, 여권 등 신원을 확인할 수 있는 신분증명서의 사본을 첨부하여야 한다. 다만 신분증 사본 첨부 등 동의서를 징구할 때 반드시 지방자치단체의 조례를 확인할 필요가 있다. 예컨대 성남시의 경우 정비계획의 입안 제안에 관한 동의서 및 주민대표회의 구성동의서에 필요한 토지등소유자 신분증명서 사본에 관하여는 신분증명서 원본에 한하여 동의서 연번과 소유자 인적 사항이 함께 인식되도록 컬러 복사한 서류만 인정하는 것으로 최근 조례를 개정하였다.

　신탁업자가 사업시행자로 지정되기 위해서는 도시정비법 제35조에 따른 조합설립을 위한 동의요건 이상에 해당하는 자에게 동의를 받아야 한다. 반드시 처음부터 신탁업자가 사업시행자로 지정되어야 하는 것은 아니고 일단 조합설립추진위원회가 구성·승인된 이후라도 신탁업자를 사업시행자로 지정할 수 있고 이 경우에는 추진위원회의 구성 승인은 취소된 것으로 본다.

도시정비법에 따르면 재개발사업의 경우에는 조합설립을 위해서는 토지등소유자 4분의 3 이상 및 토지 면적 2분의 1 이상의 토지등소유자 동의가 필요하며, 공동주택 재건축사업의 경우에는 조합설립을 위해서 '주택단지의 공동주택 각 동별 구분소유자의 과반수 동의(다만 대통령령으로 정하는 경우 1/3 이상의 동의)'와 '주택단지 전체 구분소유자의 70% 이상 및 토지 면적의 70% 이상의 토지등소유자 동의'가 필요하다. 따라서 신탁업자가 사업시행자로 지정되기 위해서는 위 동의요건을 충족해야 한다. 특히 위 재건축조합 설립 동의요건은 2025. 1. 31. 개정되어 2025. 5. 1. 시행되는 바 주의를 요한다. 이때 사업시행자 지정에 필요한 토지등소유자의 동의는 법정동의서인 신탁업자 지정동의서에 동의를 받는 방법으로 한다.

위와 같은 신탁방식의 경우에는 토지등소유자의 부담이 될 계약, 시공자의 선정 및 변경 등에 관한 의결 기구인 '토지등소유자 전체 회의'와 토지등소유자의 대표 기구인 '정비사업위원회'가 설치되어 운용된다.

'정비사업위원회'는 토지등소유자 전체 회의의 업무집행 기관으로서 토지등소유자의 의견을 수렴하고 사업시행자와 협의 등 업무를 수행하게 된다. 다만 '정비사업위원회'는 조합 정관에 해당하는 토지등소유자 전체 회의의 시행 규정에 따라 설치된다는 점에서 도시정비법에 상세히 규정된 조합설립추진위원회와 차이가 있다.

신속한 재건축사업 진행을 위하여 조합설립추진위원회를 구성하기 전에 미리 가칭 '준비위원회'를 구성하는 것이 일반적이다. 임의단체인 '준비위원회'는 1개의 구역에 수 개의 '준비위원회'가 있을 수 있지만, 도시정비법상 조합설립추진위원회는 1개의 정비구역에 1개의 추진위원회만 승인되며, 승인받은 추진위원회가 있음에도 임의로 추진위원회를 구성하여 사업을 추진하는 자는 형사처벌을 받게 된다.

준비위원회는 각 해당 구역의 상황과 지방자치단체의 정책에 따라 조합시행방식, 신탁시행방식, 공공시행방식 중 어느 하나를 선택해 준비하게 된다. 이 과정에서 미리 설문조사를 실시하거나 홍보활동을 진행하며, 재개발 재건축 찬성 의사를 묻는 사전동의서를 징구하는 경우가 많다. 그 과정에서 재건축 재개발을 반대하는 주민들과 갈등이 발생하는 사례가 많고, 준비위원회 내부에서도 갈등이 발생하여 법적 분쟁이 발생하는 경우가 많다. 또한 재개발 재건축을 홍보하는 과정에서 주민들에게 전문성이 부족하다고 오해나 공격을 받기 쉽다. 따라서 준비위원은 사전에 주민들에게 충분히 설명할 수 있도록 위 내용을 숙지하는 것이 좋다.

사업 초기에는 정비업체나 PM 업체에 전적으로 의존하는 경향이 있는데, 가급적 초기부터 재건축 재개발 등 정비사업 분야에 많은 경험이 있는 법무법인의 조력을 받아 사업을 준비하는 것이 분쟁을 최소화하면서 신속하게 사업을 진행하는 첫걸음이다.

2. 재개발 재건축 준비위원회·조합설립 추진위원회 구성과 위원의 자격요건 _유재벌

　재개발 재건축사업은 토지등소유자들이 조합을 구성하고, 그 조합이 사업시행자가 되어 재개발 재건축사업을 진행하는 것이 원칙적인 모습이다. 다만 도시정비법에 따르면 토지등소유자가 조합을 설립하려는 경우에는 조합설립추진위원회를 구성하여 시장·군수의 승인을 받아야 한다. 그리고 도시정비법에 추진준비위원회에 대한 명문의 규정은 없으나 실무상 추진위원회 구성을 위한 전 단계로서 가칭 준비위원회를 구성하는 것이 일반적이다. 즉, 재개발 재건축사업의 시행은 통상적으로 준비위원회→조합설립추진위원회→조합의 순서로 진행된다.

　우선 준비위원회는 임의단체로서 도시정비법에는 별도의 규정이 없다. 다만 재건축을 추진하고자 하는 아파트 단지의 경우, 이미 공동주택관리법에 따라 입주자대표회의가 구성되어 있고, 공동주택관리법에 따른 선거를 통하여 해당 아파트 단지의 대표성도 어느 정도 갖추고 있다고 볼 수 있으므로 입주자대표회의의 임원, 즉 동별 대표자가 적극적으로 재건축 활동을 주도하는 경우가 많다. 필자 역시 동대표이자 준비위원으로 활동하고 있다. 다만 해당 단지의 관리규약에 따라 동대표의 겸임이 금지되는 경우가 있으니 반드시 확인할 필요가 있다.

예컨대 경기도의 경우 동대표와 선거관리위원은 재건축조합 임원과 도시정비법에 따른 추진위원회 임원의 겸임을 금지할 뿐 그 이전 단계인 준비위원회 임원의 겸임을 금지하고 있지 않다. 이와 달리 서울과 부산의 경우에는 동대표와 선거관리위원은 재건축조합 임원, 추진위원회 임원뿐 아니라 준비위원회 임원도 겸임하는 것을 금지하고 있다.

다만 해당 아파트 단지는 해당 지방자치단체의 관리규약 준칙과 다른 내용으로도 관리규약을 정할 수 있어서 겸임 금지 규정을 관련 법령의 허용범위 내에서 해당 단지의 실정에 맞게 달리 정할 수 있다. 예컨대 도시정비법에 따라 조합이 시행한 재개발 재건축사업으로 건설된 공동주택의 입주자 등이 최초로 입주자대표회의를 구성하려 할 때 조합임원은 공동주택관리법 시행령 제11조 제4항 제4호에 따라 동대표가 될 수 없는 사람인 해당 공동주택 관리주체의 소속 임직원에 해당하지만, 대의원은 이에 해당하지 않는다는 것이 최근 법제처의 유권해석이다.

국토교통부는 도시정비법 제34조 제1항의 위임에 따라 '정비사업 조합설립추진위원회 운영규정'(이하 '운영규정')과 '별표 ○○정비사업조합설립추진위원회 운영규정'(이하 '표준운영규정')을 고시하였는데 운영규정은 추진위원회의 구성, 업무범위, 운영방법, 추진위원의 권리·의무 등에 관한 사항을 구체적으로 규정한 법규명령으로 볼 수 있으나, 표준운영규정은 위에서 언급한 관리규약 준칙과 마찬가지로 하나의 예시로써 달리 규정할 수 있다.

도시정비법에 따르면 추진위원회는 추진위원장 1명과 감사, 추진위원장을 포함한 5인 이상의 추진위원으로 구성하도록 하며, 더 나아가 운영규정은 추진위원의 수는 토지등소유자의 1/10 이상으로 하되 토지등소유자가 100인을 초과하는 경우에는 토지등소유자의 1/10 범위 안에서 100인 이상으로 할 수 있다고 규정하고 있다. 다만 종래 대법원은 추진위원회 운영규정은 추진위원회의 설립요건이 아니라 설립 이후의 운영기준을 정하고 있을 뿐이어서 5인 이상의 추진위원으로 구성된 이상 추진위원회 승인 처분은 적법하다고 판시한 바 있다.

표준운영규정에 따르면 추진위원회 설립에 동의한 자만이 추진위원장, 감사, 추진위원으로서 피선출 자격이 있고, 특히 추진위원장과 감사는 피선출일 현재 사업시행구역 안에서 3년 이내에 1년 이상 거주하고 있거나(단만 거주의 목적이 아닌 상가 등의 건축물에서 영업 등을 하고 있는 경우 영업 등은 거주로 본다), 피선출일 현재 사업시행구역 안에서 5년 이상 토지 또는 건축물(재건축사업의 경우 토지 및 건축물)을 소유한 자 중 어느 하나에 해당하여야 한다고 규정하고 있다.

도시정비법은 추진위원의 결격사유는 도시정비법상 조합임원의 결격사유에 준용하도록 규정한다. 2019. 4. 23. 도시정비법을 개정하면서 조합임원의 자격요건(거주요건, 소유요건)과 조합장의 구역 내 거주의무를 신설하면서 이를 위반할 경우 당연퇴임 사유로 규정하였는데, 추진위원회 단계에서도 위 조합임원 자격요건이나 조합장의 구역 내 거주의무 규정이 준용되는지 문제가 되었다.

추진위원도 조합임원과 동일하게 거주요건이나 소유요건을 충족해야 하는지, 추진위원장도 조합장과 마찬가지로 구역 내 거주의무가 요구되는지 여부에 관하여 '준용의 법리'와 '결격사유 규정 해석 원칙' 등에 비추어 추진위원장, 감사를 제외한 추진위원에게는 자격요건(거주요건, 소유요건)이 요구되지 않고, 추진위원장도 구역 내 거주의무가 요구되지 않는다고 보는 것이 타당하며 정비업계 다수의 생각으로 보인다.

최근 법제처도 역시 도시정비법 제33조 제5항의 규정에도 불구하고, 추진위원장에 대하여 도시정비법 제41조 제1항이 준용되지 않아 조합설립인가를 받을 때까지 해당 정비구역에 거주하지 않더라도 당연퇴임되지 않는다고 유권해석한 바 있다.

3. 정비구역은 누가 어떻게 지정하나
_김택종

정비구역을 지정하는 것은 정비사업 대상지를 정하고, 토지등소유자를 정하는 문제이므로 정비사업의 시작이라고 할 수 있다. 정비사업의 공공성에 비추어볼 때 관할청 등 공공기관이 정비구역을 지정해야 할 것 같다. 그러나 과연 실제로도 그럴까?

정비구역 지정권자와 정비계획의 입안권자 그리고 토지등소유자의 입안 요청

도시정비법은 정비구역 지정에 관한 권한을 특별시장, 광역시장, 특별자치시장, 특별자치도지사, 시장 또는 군수에게 부여하고 있다. 그리고 정비구역 지정은 정비구역 지정권자들의 정비계획 결정을 통해 이루어지는데, 이러한 정비계획에 대한 입안권자에는 정비구역 지정권자 외에도 특별시나 광역시의 구청장, 광역시의 군수가 포함된다. 한편 토지등소유자는 정비구역의 지정을 위한 정비계획의 입안을 요청할 수 있을 뿐이다. 참고로 이때 토지등소유자 수는 지정하려는 정비구역 내 토지등소유자 2분의 1 이하 범위 내에서 조례로 정하도록 하고 있는데, 경기도와 부산은 2분의 1로 정하고 있는 반면, 서울은 30%로 하여 다소 완화하고 있다.

위와 같은 규정 체계만 보면 대부분의 정비계획 결정과 정비구역 지정이 관공서에 의해 주도될 것 같지만, 실상은 부동산 개발로 이익을 보려는 민간이 주도하는 경우가 많다. 외부 투자자들이나 사업자들이 적절한 개발지나 아파트 단지를 물색하여 정비사업을 일으키거나 종종 원주민들이 개발의 필요성을 느끼고 정비계획 입안을 제안하여 정비구역의 지정까지 하는 경우가 대부분이다.

| **재건축 정비계획 입안을 위한 안전진단과 개정법**

재건축 정비계획을 입안하는 경우에는 정비계획을 수립할 때 안전진단을 실시해야 한다. 쉽게 말해 아파트를 재건축하기 위해서는 재건축할 필요가 있을 정도로 낡아야 한다는 것이다. 한편 안전진단을 실시하는 비용과 시간문제로 정비사업이 늦어지는 경향이 없지 않았는데, 최근 이를 개정하여 안전진단이라는 용어를 재건축진단으로 변경하였고, 사업시행계획인가 전까지만 재건축진단

을 실시하면 되도록 하여 정비사업의 신속성을 도모하였다. 이는 2025. 6. 4.부터 시행할 예정이다.

4. 주민제안형 정비계획 입안에 관한 여러 문제
_임형준

주민제안형 정비계획 입안 제도의 의의

정비사업을 진행하기 위해서는 정비계획을 입안하여야 한다. 특별시장, 광역시장, 특별자치시장, 특별자치도지사, 시장 또는 군수는 기본계획에 적합한 범위에서 노후·불량건축물이 밀집하는 등 대통령령으로 정하는 요건에 해당하는 구역에 대하여 정비계획을 결정하여 정비구역을 지정할 수 있다. 그런데 정비계획 입안권자가 직권으로 정비계획을 입안하지 않는 경우, 정비사업이 꼭 필요한 지역임에도 현실적으로 정비사업을 진행하는 것이 불가능하였고, 이에 기존 도시정비법은 토지등소유자가 직접 정비계획의 입안권자에게 정비계획의 입안을 제안할 수 있도록 하였다.

| 주민제안형 정비계획 입안 요건

토지등소유자가 정비계획의 입안권자에게 정비계획의 입안을 제안하려는 경우 토지등소유자 3분의 2 이하 및 토지면적 3분의 2 이하의 범위에서 시·도 조례로 정하는 비율 이상의 동의를 받은 후 시·도 조례로 정하는 제안서 서식에 정비계획도서, 계획설명서, 그 밖의 필요한 서류를 첨부하여 정비계획의 입안권자에게 제출하여야 하고, 서울특별시에서 정비계획의 입안을 제안하는 경우 토지등소유자의 50퍼센트 이상 및 토지면적 2분의 1 이상 동의를 받아야 한다.

| 주민제안형 정비계획 입안의 현실적 어려움

통상적으로 조합설립추진위원회 승인을 얻은 후 추진위원회가 협력업체를 선정하고 협력업체가 초기 정비사업을 진행하도록 한다. 추진위원회 승인조차 득하지 못한 경우 현실적으로 협력업체를 선정하는 것은 불가능하다. 그런데 기존 도시정비법은 정비구역이 지정된 이후에야 추진위원회 승인을 얻을 수 있는 것으로 규정하였고, 그로 인해 정비계획의 입안을 제안하기 위해서는 협력업체의 도움 없이 토지등소유자들의 힘으로 정비계획 입안 제안의 요건을 갖추고 정비계획 입안 제안을 위해 필요한 서류들을 마련하여 정비계획의 입안을 제안하여야 하는데, 이는 현실적으로

쉽지 않다. 이에 주민제안형 정비계획 입안 제도의 실효성을 확보하기 위해서 정비계획 입안 제안의 요건을 완화하거나, 관련 법령에 대한 이해가 없는 토지등소유자도 정비계획 입안 제안을 준비할 수 있도록 제도적인 차원에서의 도움이 필요하였다.

도시정비법 개정으로 추진위원회도 정비계획 입안 제안 가능

2024. 12. 3. 일부 개정된 도시정비법에 따라 정비구역이 지정되기 전에도 추진위원회를 구성할 수 있게 되었고, 추진위원회의 조기 구성에 따른 실질적인 효과를 확보하고, 기존 주민제안형 정비계획 입안 제도의 실효성을 확보하기 위해 추진위원회도 정비계획의 입안권자에게 정비구역의 지정을 위한 정비계획의 입안을 요청할 수 있도록 하였다.

정비계획 입안 제안의 효과

한편 정비계획 입안 제안이 법적인 구속력을 갖는지 아닌지 문제가 된다. 정비계획 입안 제안의 요건을 갖추지 못하였음에도 해당 제안에 기초하여 이루어진 정비구역지정 처분이 위법한 것인지 아닌지 문제가 되는데, 서울행정법원은 토지등소유자의 관할구청장에 대한 정비구역지정 입안 제안은 정비구역지정 신청권자인 관할구청장에 대하여 정비구역지정 신청을 촉구하는 의미일 뿐, 관할구청장에 대하여 그 이상의 구속력을 가지는 것이거나 관할구청장이 정비구역지정 신청을 하기 위하여 거쳐야 하는 필수적 요건에 해당하는 것으로 볼 수 없다고 판시하면서, 정비구역지정 입안 제안이 요건을 갖추지 못한 것이라 하더라도 그러한 사정이 정비구역지정 처분의 위법 여부에 영향을 미칠 수는 없다고 판시하고 있다.

5. 조합설립추진위원회가 체결한 계약은 누가 책임지나 _김택종

 재건축이든 재개발이든, 정비사업이 어느 한순간 다수가 모여 시작하는 것은 아니다. 회사라는 법인을 설립할 때도 하나둘 정도 되는 적은 사람들이 발기인이 되어 시작하는 것처럼, 정비사업도 크게 다르지 않다. 그렇게 하나둘 모여 시작한 정비사업이 다수의 동의를 받아 법이 정한 동의자 수를 충족하게 되면 조합을 설립할 수 있게 된다. 조합은 법적으로 인격을 부여받은 법인이며 정비사업의 주체로서 사업시행자가 된다.

| 정비사업의 주체가 계약의 당사자

 다시 정비사업 초기로 돌아가서 생각해보자. 정비사업을 시작하기 위해서는 같은 뜻을 가진 사람들이 하나둘 모여 사무실을 마련

하고, 조합을 설립하기 위한 주민들 동의를 받고, 이에 도움을 줄 수 있는 업체를 구해야 한다. 이때 사무실을 빌리고 업체와 계약을 맺는 당사자가 누구인지, 그에 대한 책임을 누가 지는지 문제가 될 수 있다. 이는 결국 정비사업의 주체가 되는 자가 누구인지 문제인데, 정비사업의 주체가 관련 계약의 당사자가 되고 계약에 따른 책임을 진다.

추진위원회 등 vs 개인

초기 정비사업을 주도하는 사람들은 가칭 '준비위원회' 등의 이름으로 활동한다. 그래서 준비위원회 등이 정비사업의 주체라고 생각할 수도 있겠지만, 그리 간단하지 않다. 하나둘 모인 사람들이 이러한 명칭을 썼다고 해서 개인과 독립된 단체라고 하는 것은 다소 무리가 있다. 이 무렵 실체가 없이 명칭뿐인 준비위원회 등을 믿고 계약을 체결했다고 보기는 어려울 것이고, 사무실 월세도 일단 개발을 주도한 개개인의 재산으로 충당했을 가능성이 크다. 따라서 이 무렵 체결되는 계약들은 개발을 주도한 개개인이 책임을 져야 한다는 것이 합리적이다.

준비위원회 등과 개인 사이에서 정비사업의 주체가 누구인지 정하는 문제는 결국 준비위원회 등이 개인과 독립하여 별개 인격체가 될 수 있느냐의 문제이고, 이는 곧 준비위원회 등이 단체성을 갖는지 문제가 된다. 어느 정도 사람들이 모여 단체를 구성하였다고 볼 정도가 되면 준비위원회 등이 개인과는 별개의 독립된 개발 주체가 되지만, 단체에 이르지 못하면 개발을 주도한 개개인이 개발의 주체가 되는 것이다.

| 조합설립추진위원회 승인 전후의 단체성과 법적 성질

도시정비법은 '조합설립추진위원회'에 관해 단체로 규율하고 있다. '추진위원회'는 개발대상구역 내 토지등소유자들의 과반수 동의 등 일정한 요건을 갖추어 관할청의 승인을 받아야 하므로, 이를 받지 못한 경우는 '추진위원회'가 될 수 없고, '추진위원회'라는 이름으로 활동하는 것도 금지된다. 그래서 승인받은 '추진위원회'는 개인과 구별되어 개발을 추진하는 주체이다. 참고로 이때 '추진위원회'의 법적 성질은 '비법인사단'이다. 법인 등기만 되지 않은 단체로서 등기와 관련된 것을 제외하고는 법인에 준해 취급된다.

한편 '추진위원회' 승인을 받지 못한 단계에서는 가칭 '준비위원회' 등의 명칭을 사용하는데, 단체를 규율하는 규범이 존재하는지, 다수결 등으로 의사를 결정하고 이를 대표하는 자가 있는지, 개인과 구별되는 단체의 재산이 있는지 등에 따라 단체성 여부를 판단한다. 그래서 단체성이 인정되는 단계에 이르면 위 명칭을 가진 단체가 비법인사단으로서 개발의 주체가 된다.

| **단체성이 없는 준비위원회 등과의 계약 문제**

그런데 실무적으로는 아파트 개발 초기에도 준비위원회 등을 당사자로 하여 계약이 체결되는 경우가 많다. 법적으로는 단체성이 없는 자를 당사자로 한 계약은 효력이 없으나, 개인과 체결한 계약을 향후 준비위원회 등이 단체성을 가졌을 때 승계해야 하는 것이 번거로운 점, 외부에서는 준비위원회 등의 단체성을 파악하기 어려운 점 등을 이유로 이와 같은 관행이 있는 것 같다. 그래도 개발의 주체인 개개인을 계약의 연대채무자로 개입시켜 계약의 효력을 보증하고, 향후 준비위원회 등이 단체가 되었을 때 무효행위 추인이라는 법리를 통해 계약이 유효하게 될 수 있으므로 이로 인해 문제가 발생하는 경우는 드물다. 그러나 만약 문제가 발생하면 앞서 살핀 바와 같이 생각보다 복잡한 쟁점들이 드러날 수 있다.

6. 조합설립추진위원회가 선정한 정비업체의 포괄승계 범위 _김정우

조합설립추진위원회가 선정한 정비사업전문관리업자와 체결한 용역계약이 조합에 포괄승계되는 것인지에 대한 논란이 오랫동안 지속되어 왔다.

법제처는 2019년 9월 유권해석을 통해 "추진위원회가 선정한 정비업체의 업무 범위에 조합의 업무가 포함될 수 없다"라고 해석했는데, 국토교통부는 2021년 9월 "추진위원회가 선정한 정비업체는 조합에 승계된다"라고 해석하였다가 며칠 뒤 그 의견을 뒤집기도 했다. 법률가들 사이에서도 정비업체의 포괄승계 여부에 대해서는 갑론을박이 치열하다.

사실 이 쟁점에 대해서는 이미 2015년경 관련 대법원 판결이 있었다. 그리고 2022년 이 쟁점을 좀 더 구체화한 서울고등법원 판결이 선고되어 이를 소개한다.

| 대법원 "추진위 업무와 관련된 권리·의무, 조합원총회의결 없어도 포괄승계"

2015년 대법원은 "피고가 이 사건 용역계약을 승인 내지 추인하는 취지의 조합원총회의결이 없다 하더라도 구도시정비법 제15조 제4항에 따라 추진위원회가 행한 이 사건 용역계약에 따른 권리·의무를 포괄승계한다고 판단한 것은 정당하다"라는 취지로 판시했다. 추진위원회와 작성한 정비업체 용역계약서에 대해서 조합원총회에서 추인 결의가 없다고 하더라도 조합에 포괄승계된다는 의미로 해석된다.

특히 위 사건의 원심법원인 대전고등법원에서는 포괄승계뿐 아니라 해당 정비업체의 용역비 청구 범위도 쟁점이 되었는데, 대전고등법원은 정비업체가 사업시행인가 업무를 수행했다는 점을 인정하여 위 사업시행인가를 기준으로 용역비를 책정했다.

위 대법원 판결이 추진위원회가 선정한 정비업체의 용역계약이 조합에 포괄승계된다는 점을 인정했다는 점은 주목할 만하나, 그 정비업체의 업무 범위가 구체적으로 어디까지 조합에 승계되는지에 대해서는 정확한 판단이 없었다는 점에서 아쉽다.

| **서울고등법원 "정비업체 용역계약 중 조합업무 관련 부분은 포괄승계 대상 아니다"**

2022년 6월 서울고등법원은 "추진위원회가 행한 업무와 관련된 권리와 의무는 조합에 포괄승계된다. 즉, 추진위원회가 부담한 모든 권리와 의무가 아니라 그 업무 범위 내에서 행한 업무와 관련된 권리와 의무만이 포괄승계의 대상이 된다"라고 판시하면서, "추진위원회가 정비업체와 체결한 용역계약이 조합의 업무와 관련한 부분을 포함하는 경우 해당 부분에 관한 추진위원회의 권리·의무는 이후 설립된 조합에 포괄승계되는 대상에 포함된다고 볼 수 없다"라고 판단했다.

그리고 위 판결에 대해 정비업체가 상고했으나 대법원은 2022년 10월 27일 심리불속행 기각 판결을 하여 확정되었다.

위 판결의 논거 중 가장 핵심이 되는 부분은 위탁자가 정비업체에 위탁해 대행시킬 수 있는 업무는 자신의 업무 범위에 속하는 사항이어야 하는데, 추진위원회는 조합설립 후의 업무를 할 수 없다는 점으로 보인다.

서울고등법원은 추가로 조합 창립총회에서 기존 정비업체의 지위를 승계하지 않는 결의를 하여 정비업체의 지위가 조합에 대한 관계에서 특별 승계되었다고 볼 수는 없다고 판시했는데, 만약 조합 창립총회에서 기존 정비업체의 지위를 조합에 승계한다는 내용의 결의를 할 경우 정비업체의 지위가 조합에 승계된다고 해석된다.

| 정비업체의 업무 범위에 관한 법 개정의 필요성

　위 서울고등법원의 판결은 기존 정비업계의 관행에 맞지 않고 또 대법원에서 심리불속행으로 확정되어 상당한 파장이 예상된다. 개인적으로는 정비업체 선정 권한을 추진위원회에 부여했음에도 그 업무의 범위만 따로 떼어 조합설립 전의 업무에 한정되어야 한다고 볼 경우 정비사업의 업무 효율성 저하 및 연속성 단절 문제 그리고 비용의 이중 지급 등 여러 가지 문제가 발생할 우려가 있다고 생각한다. 현재 도시정비법 및 관련 법령에 추진위원회가 선정한 정비업체의 업무 범위가 명확하지 않으므로, 추가적인 분쟁을 예방하기 위하여 이 부분에 관해서도 법률 개정을 통해 명시적으로 규정할 필요가 있다고 본다.

7. 조합설립추진위원회와 상가 합의는 조합에 구속력 있나 _김정우

　재건축 현장에서 조합설립추진위원회를 대리하다 보면 상가 소유자들 때문에 재건축을 시작하기조차 어렵다는 이야기를 자주 듣는다. 여러 가지 이유가 있는데 그중 하나가 바로 상가 관련 문제이다. 조합설립동의서를 징구하는 과정에서 상가 소유자들에게 동의서를 받는 것이 쉽지 않다. 상가 소유자들은 소위 '상가협의회'라는 단체를 구성하여 조합설립 이전부터 다양한 요구를 한다. 신축 상가의 위치와 면적, 영업보상과 개발이익 보장, 아파트 분양권 보장 등이 대표적인 요구사항이다.

　상가 동의율을 충족하지 못하면 조합설립 자체가 불가능한 사례도 있어 추진위원회는 '울며 겨자 먹기'로 상가협의회의 요구사항을 수용한다는 합의를 하고 동의서를 받는 사례가 많다. 그런데 상가협의회와 추진위원회 사이에 체결한 이러한 합의서의 효력에 대해 견해가 갈린다. 이는 도시정비법상 추진위원회가 상가협의회와 분양 관련 내용을 협의할 수 있는 권한이 있는지에 관한 문제에서 출발한다.

| **법원의 입장: 합의서의 효력에 대한 법적 판단**

이와 관련하여 법원은 추진위원회가 상가 소유자들과 분양 내용에 대해 체결한 합의서가 조합에 구속력이 없다는 취지로 판결한 사건이 있었다. 추진위원회와 상가 소유자들 사이에 '상가의 기존 대지 지분 702.68㎡를 신축 상가 1층과 2층에 각각 694.21㎡로 하여 전용 면적으로 신축 보상한다'라는 등의 내용으로 합의한 후 해당 합의에 대해 주민총회 결의를 거친 사안이었다.

서울고등법원은 위 사건에서 정비사업비의 조합원별 부담 내역이나 관리처분계획의 수립 및 변경은 구도시정비법 제24조 제3항에서 조합총회의 의결을 거치도록 하고 있을 뿐 추진위원회의 업무로 규정되어 있지 않다고 지적하면서, 설령 주민총회에서 추진위원회와 상가 소유자 사이에 체결한 위와 같은 합의에 대해 의결을 거쳤더라도 조합에는 구속력이 없다는 취지로 판시하였다. 법원이 이처럼 판시한 이유는 도시정비법에 규정된 추진위원회의 기능 때문으로 해석된다.

추진위원회의 기능의 한계

도시정비법은 조합설립 추진위원회의 기능에 대해 정비사업전문관리업자 및 설계자의 선정 및 변경, 개략적인 정비사업 시행계획서의 작성, 조합설립인가를 받기 위한 준비 업무 등으로 규정하여 사실상 조합설립에 관한 업무로 한정하고 있다. 조합원의 권리귀속이나 비용 분담, 분양 내용에 관한 사항은 관리처분계획에 대한 것이며, 이를 수립하는 것은 도시정비법상 조합의 업무이지 추진위원회의 업무로 보기는 어렵다.

결국 법원의 입장은 도시정비법 규정에 따라 추진위원회의 기능을 초과한 행위는 원칙적으로 조합에 승계되지 않고 구속력이 없다는 것이다. 그러나 이처럼 추진위원회와 상가 소유자 사이의 합의가 조합에 구속력이 없다고 할 경우, 동의서를 징구하는 것은 더욱 어려워질 것으로 보이며 상가 관련 분쟁 해결에는 별로 도움이 되지 않을 것으로 보인다.

도시정비법 개정의 필요성과 방향

몇 년 전 주택산업연구원에서는 '재건축사업 주택-상가 분쟁 해소 방안'을 주제로 한 세미나에서 상가 소유자들과의 사전협의 주체인 추진위원회에 법적인 협의 권한을 부여해야 할 필요가 있다

상가협의회와 추진위원회 사이에 체결한 이러한 합의서의 효력에 대해 견해가 갈린다. 이는 도시정비법상 추진위원회가 상가협의회와 분양 관련 내용을 협의할 수 있는 권한이 있는지에 관한 문제에서 출발한다.

| **법원의 입장: 합의서의 효력에 대한 법적 판단**

이와 관련하여 법원은 추진위원회가 상가 소유자들과 분양 내용에 대해 체결한 합의서가 조합에 구속력이 없다는 취지로 판결한 사건이 있었다. 추진위원회와 상가 소유자들 사이에 '상가의 기존 대지 지분 702.68㎡를 신축 상가 1층과 2층에 각각 694.21㎡로 하여 전용 면적으로 신축 보상한다'라는 등의 내용으로 합의한 후 해당 합의에 대해 주민총회 결의를 거친 사안이었다.

서울고등법원은 위 사건에서 정비사업비의 조합원별 부담 내역이나 관리처분계획의 수립 및 변경은 구도시정비법 제24조 제3항에서 조합총회의 의결을 거치도록 하고 있을 뿐 추진위원회의 업무로 규정되어 있지 않다고 지적하면서, 설령 주민총회에서 추진위원회와 상가 소유자 사이에 체결한 위와 같은 합의에 대해 의결을 거쳤더라도 조합에는 구속력이 없다는 취지로 판시하였다. 법원이 이처럼 판시한 이유는 도시정비법에 규정된 추진위원회의 기능 때문으로 해석된다.

추진위원회의 기능의 한계

도시정비법은 조합설립 추진위원회의 기능에 대해 정비사업전문관리업자 및 설계자의 선정 및 변경, 개략적인 정비사업 시행계획서의 작성, 조합설립인가를 받기 위한 준비 업무 등으로 규정하여 사실상 조합설립에 관한 업무로 한정하고 있다. 조합원의 권리 귀속이나 비용 분담, 분양 내용에 관한 사항은 관리처분계획에 대한 것이며, 이를 수립하는 것은 도시정비법상 조합의 업무이지 추진위원회의 업무로 보기는 어렵다.

결국 법원의 입장은 도시정비법 규정에 따라 추진위원회의 기능을 초과한 행위는 원칙적으로 조합에 승계되지 않고 구속력이 없다는 것이다. 그러나 이처럼 추진위원회와 상가 소유자 사이의 합의가 조합에 구속력이 없다고 할 경우, 동의서를 징구하는 것은 더욱 어려워질 것으로 보이며 상가 관련 분쟁 해결에는 별로 도움이 되지 않을 것으로 보인다.

도시정비법 개정의 필요성과 방향

몇 년 전 주택산업연구원에서는 '재건축사업 주택-상가 분쟁 해소 방안'을 주제로 한 세미나에서 상가 소유자들과의 사전협의 주체인 추진위원회에 법적인 협의 권한을 부여해야 할 필요가 있다는 의견을 피력한 바 있다. 필자는 주택산업연구원의 의견에 상당히 공감한다. 대부분의 추진위원회가 상가 소유자들과 협의를 진행하고 있으나 법적인 권한이 없다 보니 불안정한 협의를 진행하고 있는 것이 현실이다.

도시정비법을 개정하여 추진위원회 단계부터 상가와 관련해서 사전 협의체를 구성할 수 있도록 하고, 그 법적 권한과 효력에 대해 명시적으로 법률로 규정한다면, 재건축에서 상가 관련 분쟁을 조금이나마 예방하거나 해소하는 데 도움이 될 수 있을 것으로 생각한다.

2장
분쟁의 지뢰밭 피해 가는 방법

1. 조합설립동의서 서명, 지장도 대행할 수 있나_김정우
2. 조합설립동의서 재사용특례, 동의서 어디까지 재사용할 수 있나_김택종
3. 재개발 재건축조합 임원자격 및 결격사유에 관한 최근 분쟁 사례_유재벌
4. 재개발 재건축조합에 비상근 조합장 가능한가_김정우
5. 임기 만료된 조합임원의 직무수행권_김정우
6. 조합임원 연임 시 임원 선출 절차는 다시 거쳐야 하나_임형준
7. 대의원 수 미달 시 대의원 선거는 어떻게 하나_이희창
8. 경미한 변경이 누적되어 사업비가 10% 이상 증액되면_김택종
9. 정보공개의무에 관해 알아둘 점_이희창
10. 정보공개 규정 개정이 절실한 이유_김정우
11. 불분명하거나 방대한 열람·복사 요청에 조합이 대응하는 방법_김정우

1. 조합설립동의서 서명, 지장도 대행할 수 있나
_김정우

조합설립동의서의 유효성에 대한 최근 서울고등법원 판결과 대법원 판결에 대해 몇 가지 반문이 있어 이를 살펴보고자 한다. 먼저 몇 가지 예를 보자.

동의서 대행 작성의 현실

A 재개발구역의 추진위원장 갑이 조합설립동의서를 징구하기 위해 토지등소유자 을에게 전화를 걸었는데, 을이 바쁜 업무로 직접 동의서를 작성할 수 없었다. 추진위원장은 을에게만 동의서를 확보하면 곧바로 조합설립동의율을 충족할 수 있는 상황에서 토지등소유자 을에게 유선상으로 동의 의사를 확인하고 허락받은 후, 갑이 을의 성명을 기재하고 갑의 지장을 찍었다.

위와 같은 동의서가 유효하다고 볼 수 있을까? 또는 아예 갑이 을의 허락을 받고 갑의 이름을 기재하고 갑의 지장 날인과 함께 갑의 신분증을 첨부했을 경우, 위 동의서도 적법하게 작성되어 유효하다고 볼 수 있을까?

| **도시정비법 제36조의 취지와 작성 요건**

필자는 위와 같은 동의서는 무효의 동의서라고 생각한다. 왜냐하면 도시정비법 제36조가 규정하고 있는 동의서 작성 요건에 부합하지 않기 때문이다. 그런데 최근 선고된 서울고등법원 판결과 대법원 판결의 취지를 종합하면 위와 같은 동의서도 유효하다고 볼 여지가 높다고 해석된다.

현행 도시정비법 제36조는 조합설립동의서 등에 대해 "토지등소유자가 성명을 적고 지장을 날인하는 방법으로 하며, 신분증명서의 사본을 첨부해야 한다"라고 규정하고 있다. 2018. 2. 9. 시행 이전의 구도시정비법은 "자필로 서명하는 서면동의 방법"이라고 규정했고, 2012. 8. 2. 이전에는 인감도장 날인과 인감증명서를 첨부하도록 규정했다.

위와 같이 인감의 방법에서 토지등소유자의 서명과 지장 날인의 방법으로 변경된 이유는 인감증명서를 통한 절차적 번거로움을 최소화하면서도 서명과 지장 날인을 요건으로 규정하여 동의서 위조와 관련한 법률적 분쟁을 최소화하기 위한 것이었다.

한편 우리 대법원은 토지등소유자의 동의 여부를 심사할 때 동의의 진정성에 관해서는 그 동의서에 날인된 인영과 인감증명서의 인영이 동일한 것인지를 기준으로 각각 심사해야 하고, 이를 충족하지 못하는 동의서에 대해서는 무효로 처리해야 한다는 취지로 판시한 바 있다.

위 대법원 판시에 비추어볼 때, 앞서 언급한 예시 사례에서 을이 직접 서명하지 않거나 지장을 찍지 않았기 때문에 사례로 든 동의서는 무효라고 볼 여지가 높아 보였다.

| **판례로 살펴본 동의서 대행의 유효성 여부**

그런데 최근 서울고등법원 2021누42988 판결과 대법원 2021두56350 판결에 따르면 위와 같은 동의서가 무효가 아닌 것으로 해석된다.

서울고등법원은 본인의 승낙 하에 제3자인 가족이 본인의 이름을 기재하고 제3자의 지장을 날인한 사안에서 "본인의 진정한 동의의사를 확인할 수 있는 경우에도 본인의 승낙 하에 제3자가 본인을 대신하여 동의서를 작성하는 것을 절대적으로 금지하는 취지로 볼 수 없다"라고 판시하면서 동의서가 유효하다고 보았다.

또한 대법원은 토지등소유자인 법인이 제3자에게 정비사업에 관한 일체의 사항을 위임한 후, 조합설립동의서에 그 제3자의 명의로 서명, 지장 날인 및 제3자 명의의 신분증을 첨부한 사안에서 "위 동의서는 토지등소유자의 의사에 부합할 여지가 있다"라고 판시하면서 해당 동의서가 무효라고 판단한 원심을 파기했다.

위 판결의 취지는 본인의 동의의사가 확인되면, 제3자가 서명과 지장 날인을 대행하고 심지어 제3자의 신분증을 첨부해도 유효하다는 것으로 해석된다. 본인의 의사에만 부합하면 본인이 직접 서명과 지장 날인할 필요가 없다는 취지이다.

| **제도적 개선과 입법적 과제**

그러나 위와 같은 해석은 도시정비법이 규정하고 있는 요건과 취지에 부합하지 않는다고 생각한다. 도시정비법 제36조를 아무리 살펴보아도 입법자가 토지등소유자 본인이 아닌 제3자의 서명 및 지장 날인 대행을 허용하는 취지로 보이지 않기 때문이다.

만약 조합설립동의서에 제3자의 서명 및 지장 날인 대행을 가능하게 하는 것이라면, 굳이 토지등소유자가 서명을 기재하고 지장을 날인하고 신분증을 첨부하도록 규정할 필요도 없는 것인데, 과연 입법자가 이런 것을 의도했을까 하는 의문이 든다.

지문은 세상에서 유일하므로 위조 가능성이 거의 없고 토지등소유자 본인의 의사를 확인할 수 있는 가장 확실한 방법이라는 점에서 입법자의 의도는 본인의 지장 날인만으로 유효성 여부를 판단하려는 취지였다고 해석하는 것이 더욱 설득력이 있어 보인다.

만약 제3자의 서명이나 지장 대행을 허용하려 한다면, 도시정비법에 대행자의 범위나 대행 방법 그리고 이를 위한 본인 의사 확인 절차 등을 명시적으로 규정해야 한다.

2. 조합설립동의서 재사용 특례, 동의서 어디까지 재사용할 수 있나 _김택종

　재개발 정비사업을 위해 조합을 설립하기 위해서는 기본적으로 토지등소유자 75% 이상이 동의해야 하고, 창립총회 후 조합설립동의를 증명하는 동의서를 관할청에 제출하여 조합설립인가를 받아야 한다. 한편 정비사업은 사업비 대부분을 빌려서 마련하기 때문에 사업의 속도가 지연되는 것은 이자 비용을 증가시켜 사업성을 저하한다. 그래서 정비사업은 속도가 생명이다.

　그러다 보니 조합설립을 위한 동의서를 받는 과정에서도 동의율이 달성되면 일단 조합설립인가를 신청하려는 경향이 있다. 그러나 정비구역에 따라서는 천 명이 넘는 수많은 토지등소유자들에게 동의서를 받다 보니 지장이나 신분증 사본이 누락되거나 소유자가 아닌 세입자에게 동의서를 받는 등 효력이 문제가 되는 동의서들이 종종 있다. 이런 경우 문제가 될 수 있는 것이 조합설립동의서의 재사용 특례이다.

| 적용례

　조합사업에 반대하는 사람들 입장에서는 이러한 동의서로 인해 조합설립 동의율이 부족하면, 조합설립인가를 취소하거나 무효확인을 구할 소송의 구실로 삼을 수 있다. 그리고 실제로 이러한 소송이 적지 않게 발생한다.

　예를 들어 1000명의 토지등소유자가 있는 재개발 정비구역에서 760명의 동의서를 받아 조합설립인가를 받았는데, 15명의 동의서가 소유자 명의가 아니거나 지장이 누락되는 등으로 효력이 없는 경우를 가정해보자.

　정비사업에 반대하는 사람이라면 당장 조합설립인가가 효력이 없다고 법원에서 다툴 것이고, 법원은 동의서 15개가 무효이므로 745개의 동의서로는 조합설립을 위한 동의율 75%를 달성하지 못했다는 이유로 조합설립인가를 취소하거나 무효확인을 할 것이다.

　그 후 정비사업을 계속하려는 사람들은 다시 동의서를 받아 조합설립인가를 받아야 할 것이다. 그런데 이때 750개 이상의 동의서를 처음부터 다시 받아야 하는지, 아니면 어차피 기존 745개 동의서는 효력에 다툼이 없었으니 5개 이상만 새로 받으면 되는지 의문이 들 수 있다.

엄밀히 말하면 최초 조합설립인가를 위해 받았던 동의서는 관할청에 제출하여 조합설립동의서로서 이미 사용하였으니, 다시 받아야 한다고 볼 수 있다.

그러나 한편으로는 동일한 정비사업 구역의 조합설립동의라서 그 내용에 차이가 없을 텐데, 효력이 없는 15개 동의서 외에 나머지 유효했던 745개 동의서도 다시 받는 것은 시간적, 경제적, 사회적으로 불필요한 비용을 발생시키는 것으로 보인다.

동의서 재사용 특례 규정의 도입

종래에는 이에 대해 명시적인 규정이 없어 처음부터 동의서를 다시 받는 경우가 많았지만, 2015년 동의서 재사용 특례가 도입됨으로써 효력이 없는 15개만 제외하고 745개는 재사용할 수 있게 되었다. 동의서 재사용을 위해서는 간단하게 재사용 반대 의사를 확인하는 절차만 거치면 되고, 추가로 필요한 동의서만 받아 조합설립인가를 받는 것이 가능해진 것이다.

한편 동의서 재사용 특례 규정은 소송을 통해 동의서 효력이 없다고 확인된 경우뿐 아니라, 소송이 계속 중인 상황에서도 동의서를 재사용할 수 있음을 규정하고 있다.

가령 위의 예에서 동의서 15개가 실제로 지장이나 신분증 사본이 누락되었는지 등이 소송에서 다투어지고 있는 상황에서도, 745개 동의서가 유효하다는 점에 대해서는 다툼이 없으므로 5개 이상 동의서를 새로 받아 조합설립인가를 다시 받으면 되겠다는 점에 착안한 것이다.

위와 같은 동의서 재사용 특례 규정의 취지를 생각하면, 동의서를 재사용할 수 있는 범위 그리고 다시 받아야 하는 동의서의 수가 명확하다고 볼 수 있다.

재사용이 가능한 동의서의 범위에 대한 다툼

그런데 동의서 재사용 범위에 관해 하급심들 사이 다툼이 있다. 누군가 15개의 동의서 효력을 다툰다고 하면 당연히 15개는 재사용 대상에서 제외하여야 할 것이지만, 이에 대해 다른 의견이 존재한다. 단순히 일방적인 주장만으로 동의서를 재사용하지 못하게 하는 것은 부당하다는 것이다. 예를 들어 위의 예에서 누군가 동의서 15개가 아니라 760개 효력을 모두 다툰다고 하면 760개 동의서를 모두 재사용할 수 없게 되는데, 이는 동의서 재사용 특례가 신속한 조합사업을 도모하려는 취지에 맞지 않는다는 것이다. 실제로 위와 같은 이유로 재사용 반대 의사만 확인하면 다툼이 있는 동의서도 명백히 무효가 아닌 이상 다시 사용할 수 있다고 판시한 하급심이 존재한다.

그러나 동의서 재사용 특례 규정은 '유효성에 다툼이 없는 토지등소유자의 동의서'만 재사용할 수 있다고 분명히 규정하고 있어 이를 달리 해석하는 것은 일차적으로 법 문언에 반하는 문제가 있다. 그리고 위 하급심 의견처럼 소송에서 다툼이 되는 동의서를 반대 의사만 확인하여 재사용할 수 있다고 하는 것은, 다툼이 없는 동의서를 다시 받게 하는 것이 사회적 낭비라는 시각에서 입법된 동의서 재사용 특례가 예정한 범위를 넘어서는 것이다. 그리고 이러한 해석은 어떤 식으로든 동의서를 대충 받아 놓고 반대 의사를 확인하여 동의서를 재사용할 수 있다는 식의 발상도 초래할 수 있으므로 동의서의 요건을 까다롭게 규정한 관련 법령의 취지에도 맞지 않는다.

현재로서는 하급심 판례가 나뉘고 있으므로 대법원에서의 교통정리가 필요할 것으로 보인다.

3. 재개발 재건축조합 임원자격 및 결격사유에 관한 최근 분쟁 사례 _유재벌

　재개발 재건축조합은 조합장 1명, 이사, 감사를 임원으로 둔다. 재건축은 조합설립에 동의한 토지등소유자만 조합원이 되지만, 재개발은 조합설립에 동의하지 않은 토지등소유자도 조합원이 되므로, 재개발조합 설립에 동의하지 않은 토지등소유자도 도시정비법상 거주요건이나 소유요건 등 조합임원 자격을 충족한다면 재개발조합 설립에 동의하지 않았다는 사유만으로 조합임원 자격이 없다고 볼 수 없다. 이에 관하여 대법원 역시 조합 설립에 동의한 토지등소유자에게만 조합임원 선출권을 부여한 선거관리규정은 조합원들의 피선거권을 합리적 사유 없이 제한하여 무효라고 판시한 바 있다.

　2019. 4. 23. 개정 도시정비법은 조합임원의 정비사업 관련 비

리 가능성을 근절하기 위한 목적으로 재개발 재건축조합 임원의 자격요건을 강화하였다. 조합임원은 '정비구역에서 거주하고 있는 자로서 선임일 직전 3년 동안 정비구역 내 거주기간이 1년 이상'이거나 '정비구역에 위치한 건축물 또는 토지(재건축사업의 경우에는 건축물과 그 부속토지)를 5년 이상 소유'하는 경우에 한하여 선임될 수 있다고 하여 거주요건이나 소유요건을 충족하도록 한 것이다.

더 나아가 조합장은 '선임일부터 관리처분계획인가를 받을 때까지는 해당 정비구역에서 거주(영업을 하는 자의 경우 영업)해야 한다'라고 규정하여 조합임원의 자격요건으로서 거주요건과 소유요건, 조합장의 정비구역 내 거주의무 부과규정을 신설하였다. 만약 위와 같은 자격요건을 갖추지 못한 경우에는 당연퇴임한다.

이때 거주요건이나 소유요건을 모두 갖출 필요는 없고 어느 하나만 충족해도 조합임원 자격요건은 충족되며, '선임일 직전 3년 동안 1년 이상 거주기간'이나 '5년 이상의 소유기간'에 관해서는 특별히 제한이 없는 바 반드시 연속하여 거주하거나 소유할 필요는 없다. 다만 이때 '소유'는 조합임원 본인 명의의 소유 기간만을 의미하고 배우자 또는 직계존·비속 명의의 소유기간은 포함되지 않음을 유의할 필요가 있다.

조합장이 정비구역 내에서만 거주하지 않고, 정비구역 외 다른 곳에도 주소지를 두고 있는 경우 조합장의 정비구역 내 거주의무를 위반한 것은 아닌지 문제가 된 바 있다. 도시정비법의 개정 취지와 문언 내용과 우리 민법상 주소는 동시에 두 곳 이상 있을 수 있음에 비추어 조합장의 정비구역 내 거주의무를 해당 정비구역을 유일하고도 단일한 주소지로 하여 거주할 것으로 해석하기는 어렵다고 본다. 따라서 정비구역 내 마련된 주소지에서 어느 정도 거주하면서 조합업무를 수행하는 이상 조합장의 해당 정비구역 내 거주의무를 위반한 것은 아니라고 보는 것이 타당하다.

위 거주요건이나 소유요건을 갖춘 토지등소유자가 해당 구역의 조합원이 아니더라도 조합임원이 될 수 있을지 문제된 바 있었다. 표준 정관에는 조합원 중에서 조합임원을 선임한다고 규정되어 있지만 당시 도시정비법령에서는 명문의 규정이 없는 바 정관 제·개정으로 조합원이 아닌 자도 조합임원이 될 수 있는지 문제가 되었는데, 법제처는 2022. 6. 30. 도시정비법에 따른 조합임원의 자격을 갖춘 사람은 조합원이 아니더라도 조합임원이 될 수 있다는 취지로 법령을 해석했는데 이에 대해서 비판이 많았다.

결국 2023. 7. 18. 개정 도시정비법은 명문으로 '조합원으로서 정비구역에 위치한 건축물 또는 토지를 소유한 자'라고 개정하였는바, 이제는 조합임원이 되기 위해서는 조합원의 자격이 당연히 요구되고, 이는 강행규정인 바 정관으로도 변경할 수 없다고 본다.

최근 서울중앙지방법원은 조합원이 분양계약체결기간에 분양계약을 체결하지 않은 경우 조합 정관에 따라 분양계약체결기간 종료일 다음 날 조합원 지위를 상실하므로 조합임원 자격이 있다고 볼 수 없다고 판시한 바 있다.

2023. 7. 18. 개정 도시정비법은 더 나아가 하나의 건축물 또는 토지의 소유권을 다른 사람과 공유하는 경우 가장 많은 지분을 소유한 자만이 조합임원이 될 수 있도록 규정하였다. 실무상 '스타 조합장 초빙금지법', '쪽지분 조합장 금지법'이라고도 부른다.

소위 '스타 조합장 초빙금지법', '쪽지분 조합장 금지법' 규정이 적용되는 '소수지분권자'는 대표조합원이라고 하더라도 조합임원 자격이 없다고 본다. 다만 공유자의 지분이 동일한 경우에는 공유자 각자가 '가장 많은 지분을 소유한 자'로서 조합임원 자격이 있다고 보는데, 그 대표적인 예가 부부가 1/2씩 공동소유하고 있는 경우이다.

최근 국토교통부도 공유지분이 같은 경우에는 지분 변경 없이 공유자 중 조합원 한 명을 조합임원으로 선임할 수 있다고 유권해석한 바 있다. 다만 필자는 부부 공동명의의 경우와 외부 투기세력을 동일하게 취급하는 것은 부당하므로 부부의 경우에는 공유지분이 적은 부부 일방도 조합임원 자격이 있는 것으로 예외 규정을 둘 필요가 있다고 본다.

　최근 한국토지주택공사가 사업시행자로 참여하는 공공 재개발 재건축사업이 증가하고 있는데, 공공 재개발 재건축 주민대표회의 임원의 경우에도 정비사업 관련 비리 근절과 외부 투기세력이 임원자격 취득을 목적으로 소수지분을 취득하는 것을 방지할 필요성은 동일하므로 주민대표회의 임원의 거주요건·소유요건·소수지분권자 임원금지 규정을 도시정비법에 명문으로 규정하는 것이 바람직하다고 본다.

　최근에 조합장이 조합 사무실에 상근하지 않고 별도의 직장에 다니면서 '비상근' 형태로 조합장으로 근무할 수 있는지 문제가 된 바 있다. 필자가 비상근 조합장을 대리하여 수행한 해당 사건의 하급심은 상근 여부가 조합임원의 자격요건이나 결격사유에 해당한다고 볼 수 없다고 판시한 바 있다. 만약 조합장의 상근을 강제할 경우에는 사회적으로 유능한 조합원이 조합장이 되는 것을 사실상 금지하는 결과가 되는 바 타당한 판결이라고 본다.

　조합장이 개인적인 사정으로 정비구역 내 신규 부동산을 매수하고 종전 부동산을 제3자에게 매도하여 그 등기가 모두 같은 날에 이루어져 조합장이 일시적으로 2개의 부동산을 소유하게 되는 경우에 조합장은 조합원 자격과 조합임원 자격을 상실하는지 문제된 바 있다.

당 법무법인이 수행한 위 사건에서 하급심은 도시정비법 제39조 제1항 제3호가 적용되는 것은 아니라고 보아 해당 조합장의 조합임원 자격이 상실하는 것은 아니라고 판시한 바 있다. 이 경우 도시정비법 제39조 제1항 제3호가 예정하고 있는 것이 아니며 투기세력의 유입과도 무관하므로 타당한 판결이라고 본다.

다른 조합의 조합장을 역임한 적이 있는 사람과 정비사업 전문관리업을 하는 법인의 대표에 재임하였거나 현재 재임하고 있는, 이른바 정비사업 관련 전·현직자의 조합장 피선거권을 정관으로 제한할 수 있을지 문제가 된 바 있다. 하급심은 정비사업 관련 전·현직자는 정비사업에 수반되는 여러 이권 사업이나 비리에 직·간접적으로 연루될 가능성이 높다고 볼 여지가 있어 조합장 피선거권을 제한할 합리적 이유가 있다는 이유로 유효한 정관 변경으로 본 바 있다.

그러나 여러 이권 사업에 직·간접적으로 연루되어 있을 가능성은 막연한 가능성에 불과하고, 일말의 가능성도 열어두지 아니한 채 조합장 피선임권을 절대적으로 제한하는 것은 부당하다고 본다.

조합임원의 자격에 관한 법적 분쟁은 해당 조합의 사업에 미치는 영향과 파급 효과가 크다. 따라서 법적 분쟁이 발생할 경우 관련 규정 및 사례뿐 아니라 규정의 입법취지까지도 철저하게 분석하여 대응할 필요가 있어 도시정비사업 분야에 많은 경험을 가진 법무법인의 조력을 받는 것이 무엇보다 중요하다고 본다.

4. 재개발 재건축조합에 비상근 조합장 가능한가
_김정우

재개발 재건축조합에는 조합장을 비롯해 이사, 감사 등 임원들이 있다. 통상적으로 조합장이나 이사 중 일부가 상근직으로 업무를 수행하고 있다. 특히 조합장은 시공자, 설계업체, 감정평가업체, 정비업체뿐 아니라 각종 설계 변경, 공사 일정 변경, 부속 공사업체 선정, 정비사업 관련 인허가 절차 이행, 조합원·일반 분양 절차의 수행, 각종 조합원 및 토지등소유자의 민원 해결 등 그 업무의 중대성에 비추어 상근직으로 업무를 처리해야 한다는 인식이 일반적이며, 조합장 대부분이 상근직으로 업무를 처리해왔다.

| 비상근 조합장의 법적 가능성

그런데 최근 비상근 조합장이 가능한지에 대한 문의를 받았다.

기존 직장을 유지하면서 조합장 직무를 수행할 수 있는지에 관한 질문이었다.

서울의 A 재건축구역에서는 조합원들 대부분이 고소득 연봉자였는데, 그중에서 조합장으로서 해당 정비사업을 제대로 이끌 수 있는 리더십을 인정받은 조합원 갑이 있었다. 조합원 갑은 고연봉자였고 직장을 그만두면서까지 조합장을 할 생각은 없었다. 그러나 직장을 유지할 수만 있다면 자신의 재능을 기부한다는 생각으로 조합장 역할도 충실히 이행하겠다는 뜻이 있었다. 이에 대해 처음에는 '조합장이 당연히 상근해야 하는 것 아닌가?'라고 생각하며 검토를 시작했다.

도시정비법과 동법 시행령, 시행규칙 어디에도 조합장이 반드시 상근하며 업무를 처리해야 한다는 규정은 없다. 국토교통부가 고시한 정비사업 표준정관에도 "조합은 그 사무를 집행하기 위해 필요하다고 인정하는 때에는 조합의 인사규정이 정하는 바에 따라 상근하는 임원 또는 유급 직원을 둘 수 있다"라고만 규정되어 있을 뿐 반드시 상근해야 한다는 취지의 규정은 없다. 더구나 대부분 조합이 위 표준정관의 내용을 그대로 사용하고 있다.

또한 도시정비법과 관련 하위 법령들, 조례 어디에서도 상근 여부가 조합장의 임원 자격을 결정하는 요건이 된다는 규정을 찾을 수 없으며, 또한 상근하지 않는 것이 결격 사유에 해당한다는 취지의 규정도 없다. 결국 조합장이 반드시 상근해야 한다는 명시적 규정이 없으므로 비상근 조합장도 가능하다고 자문했다.

비상근 조합장을 둘러싼 소송 사례

그런데 2023년 10월, B 재건축구역에서 조합장 을에 대한 직무집행정지 가처분 소송을 수임했다. 조합장 을이 비상근이라는 이유로 조합원들이 가처분 재판을 제기한 것이었다. 필자는 조합장 을을 대리해 재판을 수행했다.

조합장 을은 기존 직장에서 업무 처리와 관련해 상당히 좋은 평가를 받고 있었으며, B 재건축조합의 조합장 업무도 아무런 문제 없이 잘 수행하고 있었다. 그는 낮에는 본인 직장에 출근했고, 매일 저녁 조합사무실에 출근해 업무를 처리했다. 낮에 출근하지 않아 비상근인 것처럼 보였으나, 실제로는 매일 저녁 조합사무실에 출근해 조합장으로서 모든 업무를 충실히 이행했다. 그러나 조합원들은 단지 조합장이 낮에 출근하지 않고 비상근으로 업무를 처리하고 있다는 점에 불만을 품고, 조합장 을의 비상근이 조합 정관이나 행정업무규정을 위반했다고 주장하며 소송을 제기했다.

| **비상근 조합장에 관한 법원 판단의 의미**

　이에 대해 필자는 ①조합장이 반드시 상근해야 한다는 명시적인 규정이 없다는 점, ②비상근으로 업무를 처리했다는 이유만으로 도시정비법이나 조합 정관에 따른 임원의 자격이 흠결되거나 결격 사유에 해당한다고 보기 어렵다는 점, ③조합장 을이 비상근으로 근무하면서도 직무를 성실히 수행해 조합에 현저한 손해를 발생시키지 않았다는 점, ④형식적으로는 비상근으로 보이지만 실질적으로는 매일 저녁 출근해 조합장으로서 업무를 충실히 이행했다는 점을 소명했다. 법원은 이 같은 주장을 모두 받아들여 위 직무집행가처분 사건에서 승소했다.

　그동안 조합장의 상근 여부에 대해 법원이 어떻게 판단할지 의문이 있었으나, 이번 법원의 결정은 조합장 비상근에 대한 유의미한 판단으로 평가된다.

5. 임기 만료된 조합임원의 직무수행권 _김정우

정비사업을 진행하다 보면 재개발 재건축조합의 정기총회가 부득이한 사유로 늦어지는 경우가 자주 발생한다. 또한 조합임원의 임기가 만료되었음에도 조합원총회를 개최하지 못해 임기가 만료된 임원이 계속 업무를 수행하고 있는 경우도 있다. 이렇게 임기가 만료된 임원의 직무수행은 유효한지, 임기 만료 후 기존 임원에 대한 연임 총회를 개최하는 것이 적법한지 등에 대해 살펴본다.

| **임기 만료된 임원의 직무수행권과 그 업무 범위**

국토교통부가 고시한 재개발 재건축 표준정관 제15조에는 "임기가 만료된 임원은 그 후임자가 선임될 때까지 그 직무를 수행한다"라고 규정하고 있으며, 대부분 조합 정관에 위와 동일한 내용

이 규정되어 있다. 이 규정은 임원의 임기 만료 후 임원의 부재로 인한 조합업무 수행의 공백을 해소하고 정상적인 업무수행을 위해 임원에 대한 긴급업무처리권을 인정한 것으로, 임기가 만료된 조합임원은 위 규정에 따라 직무를 수행할 수 있다.

대법원도 "재건축조합과 그 대표기관과의 관계는 위임인과 수임인의 법률관계와 같은 것으로써 임기가 만료되면 일단 그 위임관계는 종료되는 것이 원칙이다. 다만 그 후임자가 선임될 때까지 대표자가 존재하지 않는다면 대표기관에 의해 행위를 할 수밖에 없는 재건축조합은 당장 정상적인 활동을 중단하지 않을 수 없는 상태에 처하게 되므로, 민법 제691조의 규정을 유추하여 구 대표자로 하여금 조합의 업무를 수행하게 하는 것이 부적당하다고 인정할 만한 특별한 사정이 없고, 종전의 직무를 구 대표자로 하여금 처리하게 할 필요가 있는 경우에 한해 후임 대표자가 선임될 때까지 임기 만료된 구 대표자에게 대표자의 직무를 수행할 수 있는 업무수행권이 인정된다"라고 판시한 바 있다.

다만 대법원은 "임기 만료된 대표자의 업무수행권은 급박한 사정을 해소하기 위해 그로 하여금 업무를 수행하게 할 필요가 있는지를 개별적·구체적으로 가려 인정할 수 있는 것이지, 임기 만료 후 후임자가 아직 선출되지 않았다는 사정만으로 당연히 포괄적으로 부여되는 것이 아니다"라고 판시하여, 임기 만료된 임원에 관한 업무수행의 범위에 대해 일부 권한을 제한할 수 있다는 태도를 보였다.

즉, 임기 만료된 임원의 직무수행권은 원칙적으로 인정되지만 개별적·구체적인 상황, 예를 들어 조합이나 조합원의 권리관계에 중대한 영향을 미치는 등의 특별한 사정이 인정될 경우에는 그 권한 범위가 종전의 업무 범위보다 제한될 여지도 있다.

| 임기 만료된 임원의 연임 총회 개최 가능 여부

통상 임원들에 대한 연임 결의는 임기가 만료되기 전에 조합원 총회를 개최해 의결하는 경우가 대부분이다. 그런데 임기가 만료된 후에 연임 총회를 개최하는 것이 유효할까?

이와 관련해 의정부지방법원은 총회개최금지가처분 사건에서 "조합임원의 임기가 만료된 후 상당한 기간이 지나 연임 결의가 이뤄지더라도 연임이란 종전 임기가 만료된 후 곧바로 이어 종전 임기와 동일한 임기 동안 재임하는 것을 의미하며, 기존 임기의 만료 시점인 2020년 3월 21일 이후부터 연임된 임원의 새로운 임기가 시작되는 것으로 해석함이 타당하다. 그와 같이 해석하는 이상 채무자 조합임원의 임기가 만료된 이후에 이 사건 연임 결의가 있었더라도 이 사건 연임 결의가 채무자 조합임원의 임기를 부당하게 연장한다거나 채무자 조합원들의 선거권 내지 피선거권을 침해한다고 볼 수 없다"라고 판시해, 임기가 만료된 후에 연임 총회를 개최하는 것도 가능하다고 보았다.

생각건대 도시정비법 및 관련 법령과 표준정관 등에 임원에 대한 연임 총회의 개최 시기에 관하여 이를 제한하는 아무런 규정이 없으며, 기존 임기의 만료 시점 이후부터 새로운 임기가 시작되면 연임 결의가 임원의 임기를 부당하게 연장하는 것으로 볼 수 없다.

나아가 임기가 만료된 임원이라고 하더라도 원칙적으로 그 직무수행권이 인정된다는 점에 비추어볼 때, 조합임원의 임기가 만료된 이후에도 총회를 개최하여 적법하게 연임 결의할 수 있다고 보는 것이 타당하다. 다만 가급적 임원의 임기 만료 전에 연임 결의를 진행함으로써 조합원들 사이에서 임기가 만료됐다는 사정으로 생길 수 있는 논란을 사전에 해소하는 것이 바람직할 것이다.

6. 조합임원 연임 시
임원 선출 절차는 다시 거쳐야 하나 _임형준

| 조합임원이 연임하는 경우 별도의 임원 선출 절차에 관한 문제

    조합임원이 연임하는 경우에도 조합 정관 및 선거관리 규정에 따른 임원 선출 절차를 거쳐야 하는지 문제가 된다. 조합 정관 및 선거관리 규정에는 조합임원 선출을 위한 입후보 절차 및 선거 절차를 규정하고 있다. 보통 조합 사업을 반대하는 이들은 조합임원이 연임하는 경우에도 선거관리위원회를 구성하여 선거 절차를 진행해야 한다고 주장하곤 한다. 일부 하급심의 입장이기도 하다. 그러나 조합임원이 연임하는 경우 별도의 임원 선출 절차를 다시 거칠 필요는 없다고 보는 것이 타당하다.

| 조합은 별도의 임원 선출 절차를 거치지 않아도 총회에 기존 임원의 연임 안건을 상정할 수 있다

도시정비법은 조합임원의 임기는 3년 이하의 범위에서 정관으로 정하되, 연임할 수 있다고 규정하고 있을 뿐 조합임원의 연임에 관한 다른 규정을 두고 있지 않고, 조합임원 연임 안건을 총회에 상정하기 전에 임원 선출 절차를 거쳐야 한다고는 더더욱 규정하고 있지 않다. 따라서 조합은 별도의 임원 선출 절차를 거치지 않아도 총회에 기존 임원의 연임 안건을 상정할 수 있다. 조합 정관 및 선거관리 규정에 따른 임원 선출 절차는 조합임원을 '최초' 선출하거나, '새로이' 선출하는 경우에 적용되는 것일 뿐이고, 이미 이러한 절차를 모두 거친 후 조합임원이 된 자들의 '연임'을 위해 해당 절차를 반복하게 하는 것은 불필요한 경제적, 사회적 낭비를 초래할 뿐이다.

같은 취지에서 대법원 역시 "조합이 새로운 입후보자등록공고 등의 절차를 밟아 총회에 새로운 임원 선임 안건을 상정할 것인지, 아니면 기존 임원의 연임 안건을 상정할 것인지를 선택할 수 있다"라고 판시하여 총회에 기존 임원의 연임 안건을 상정하는 경우 임원 선출 절차를 다시 거칠 필요가 없음을 분명히 하고 있다.

별도의 임원 선출 절차를 거치지 않고 총회에 기존 임원의 연임 안건을 상정한 것이 조합원들의 선거권 또는 피선거권을 침해하는 것은 아니다.

총회에 조합임원의 연임 안건이 상정되었다고 하여 해당 임원이 연임되는 것은 아니다. 조합임원의 연임 여부는 해당 총회에서 조합원들의 자유로운 투표에 의해 결정된다. 즉, 조합원들은 조합임원의 연임 여부에 대하여 자유로이 찬성과 반대 의견을 표시할 수 있고, 조합임원의 연임 여부는 결국 조합원들의 의사에 의하여 최종 결정되는 것이기 때문에 별도의 임원 선출 절차를 거치지 않고 총회에 기존 임원의 연임 안건을 상정하였다는 이유만으로 조합원들의 선거권 또는 피선거권이 침해될 여지는 없다. 연임 대상자의 능력이나 자질이 부족하다면 조합원들의 투표로 연임 안건을 부결하면 그만이다.

대법원 역시 "피고가 주민총회에 임기가 만료된 위원장이나 감사를 연임하는 안건을 상정하는 때에는 새로운 입후보자가 등록하는 것이 아니므로 입후보자등록공고 등의 절차를 거치지 않았다고 하더라도 그것이 원고를 포함한 토지등소유자들의 위원장이나 감사에 대한 선출권 또는 피선출권을 침해하였다고 볼 수 없다"라고 판시하여 별도의 임원 선출 절차를 거치지 않고 총회에 기존 임원의 연임 안건을 상정한 것이 조합원들의 선거권 또는 피선거권을 침해하지 않는 것임을 분명히 하고 있다.

다만 서울고등법원은 정관에서 연임에 관한 내용을 따로 정하고 있지 않은 경우에는, 정식 선출 절차를 통하지 않고 총회를 통해 연임 여부만을 의결하는 것은 조합원들의 조합장 선출권 및 피선출권을 침해한 것으로써 위법하다고 판시한 바 있다.

7. 대의원 수 미달 시 대의원 선거는 어떻게 하나
_이희창

　도시정비법 제46조 제2항 및 제4항은 대의원회는 조합원의 10분의 1 이상으로 구성하되 조합원 10분의 1 이상이 100인을 넘는 경우에는 조합원 10분의 1 범위 안에서 100인 이상으로 구성할 수 있으며, 총회의 의결사항 중 대통령령이 정하는 사항을 제외하고는 대의원회가 총회의 권한을 대행할 수 있다고 정하고 있다.

　그러면서 도시정비법 시행령 제43조 제6호는 대의원회가 총회의 권한을 대행할 수 없는 사항으로 '대의원의 선임 및 해임에 관한 사항'을 정하면서 단서로 정관으로 정하는 바에 따라 임기 중 궐위된 자(조합장 제외)를 보궐 선임하는 경우는 제외한다고 정하고 있다. 즉, 대의원의 선임 및 해임은 총회의 의결을 거쳐야 하나, 임기 중 궐위된 대의원을 보궐 선임하는 것은 정관에서 정한 경우 대의원회에서 할 수 있다는 것이다.

서울특별시 정비사업 표준선거관리규정 제48조 제3항은 대의원 중 궐위된 자가 발생할 경우 조합장은 즉시 보궐선거를 위한 대의원회 소집을 하여야 하나, 대의원이 임기 중 궐위되어 대의원의 수가 도시정비법 제46조 제2항에 따른 대의원 수에 미달하게 된 경우에는 총회에서 보궐 선임을 하여야 한다고 정하고 있다. 이하 논의는 개별 조합이 위 표준선거관리규정의 내용을 반영하였을 것을 전제로 한다.

민법 제691조는 "위임종료의 경우에 급박한 사정이 있는 때에는 수임인, 그 상속인이나 법정대리인은 위임인, 그 상속인이나 법정대리인이 위임사무를 처리할 수 있을 때까지 그 사무의 처리를 계속하여야 한다. 이 경우에는 위임의 존속과 동일한 효력이 있다"라고 규정하고 있고, 서울중앙지방법원은 대의원 여러 명이 사퇴하여 대의원 수가 법정 대의원 수에 미달하게 된 사안에서, "대의원이 사임한 경우 후임 대의원 선임 시까지 대의원 수가 법정 대의원 수에 충족되지 않아 대의원회가 당장 회의체로서의 정상적인 활동을 중단하지 않을 수 없는 상태에 처한 경우, 이는 민법 제691조에 규정된 위임 종료의 경우에 급박한 사정이 있는 때와 같이 볼 수 있으므로, 사임한 대의원이라 하더라도 그 임무를 수행함이 부적당하다고 인정할 만한 특별한 사정이 없는 한 후임 대의원이 선임될 때까지 대의원의 직무를 계속 수행할 수 있다고 보아야 한다. … (중략) … 따라서 사임한 대의원이 있다고 하더라도 그 대의원이 대의원의 직무를 계속 수행할 수 있어 대의원회가 유효하게 성립될 수 있는 경우라면, 선거관리규정 제48조 제3항 본문 규정에 따라 대의원회에서 보궐 선임을 할 수 있고, 이러한 경우가 선거관리규정 제48조 제3항 단서에서 정한 '대의원이 임기 중 궐위되어 대의원의 수가 법정 대의원 수에 미달하게 된 경우'에 해당한다고 볼 수 없다"라고 판시한 바 있다.

즉, 위 서울중앙지방법원 재판부는 대의원 여러 명의 사퇴로 대의원회가 당장 회의체로서의 정상적인 활동을 중단하지 않을 수 없는 급박한 상황에 처한 경우, 사임한 대의원들은 후임 대의원이 선임될 때까지 민법 제691조에 따라 대의원 직무를 계속 수행할 수 있는바, 이러한 경우는 표준선거관리규정에서 정한 대의원 수가 법정 대의원 수에 미달하게 된 경우에 해당하지 않아 대의원회에서 대의원 보궐선거를 할 수 있다고 본 것이다.

그런데 이와 관련하여 대법원은 "구도시정비법 제25조 제2항의 최소 인원수에 미치지 못하는 대의원으로 구성된 대의원회는 총회의 권한을 대행하여 적법한 결의를 할 수 없고, 이는 임기 중 궐위된 대의원의 보궐 선임도 마찬가지이며, 이 경우 법정 최소 인원수에 미달하는 대의원은 특별한 사정이 없는 한 총회의 결의를 통해 선임할 수 있을 뿐이다.

한편, 대의원의 수가 법정 최소 인원수를 초과하는 대의원회에서는 대의원이 임기 중 궐위된 경우 구도시정비법 시행령 제35조 제2호 단서에 따라 대의원회의 결의로써 궐위된 대의원을 보궐 선임할 수 있을 것이다"라고 판시하였다.

위 대법원 판결은 위 서울중앙지방법원의 결정과 배치되는 것처럼 보이나, 위 서울중앙지방법원의 결정은 '민법 제691조에 규정된 위임종료의 경우에 급박한 사정이 있는 경우'와 같이 볼 수 있다면, 사임한 대의원이라 하더라도 그 직무를 계속 수행할 수 있어 대의원의 수가 법정 대의원 수에 미달하게 된 경우에 해당한다고 볼 수 없고, 그렇다면 대의원회에서 보궐선거를 할 수 있다는 것인 바, 대의원 수가 법정 최소 인원수에 미달하는 경우 대의원 보궐선거는 총회의 결의를 통해 실시되어야 한다는 위 대법원 판결과 양립 불가능한 것으로 보이지 않는다.

따라서 현재 대의원 여러 명의 사퇴로 대의원회가 당장 회의체로서 정상적인 활동을 못하는 급박한 상황에 있다면, 여전히 사임한 대의원들은 후임 대의원이 선임될 때까지 그 직무를 계속 수행할 수 있을 것인 바, 대의원회에서 대의원 보궐 선임을 할 수 있을 것으로 보인다. 다만 구체적 사실관계에 따라 법원에서 급박한 상황이라고 인정하지 않을 수 있으므로 가능한 총회를 개최하여 보궐선거를 하는 것이 더 안전한 방법일 것이다.

8. 경미한 변경이 누적되어
사업비가 10% 이상 증액되면 _김택종

정비사업도 돈에 관한 문제는 예민하다. 당연히 이해당사자인 조합원들의 의사가 반영되어야 한다. 그래서 사업비 변경을 수반하는 사업시행계획이나 관리처분계획을 변경하기 위해서는 원칙적으로 조합원 과반수의 동의를 얻어야 한다. 그런데 사업비라는 것이 미래의 일이다 보니, 정확하게 산출하기 어렵고, 변경할 때마다 수많은 돈을 들여 총회를 개최하고 조합원의 의사를 묻는 것은 그것대로 낭비가 된다. 한편 도시정비법은 10% 이내의 사업비 변경은 '경미한 사항의 변경'으로 보아 조합원들의 의사를 묻지 않고 할 수 있도록 하고 있다. 반면 사업비가 10% 이상 증액될 경우에는 조합원 3분의 2 이상의 가중된 정족수를 요구하고 있다.

그렇다면 최초 사업시행계획인가 후 경미한 변경이 누적되어 결과적으로 사업비가 10% 이상 증액되는 상황이라면, 가령 사업비를 두 번에 걸쳐서 5% 증액하는 경우 조합원 3분의 2 이상의 동의를 받아야 하는지 문제가 될 수 있다.

다양한 입장들

우선 법 문언을 형식적으로 해석하여 적용하면, 첫 번째 증액과 두 번째 증액 모두 '경미한 사항의 변경'에 해당하므로 총회 결의가 필요 없다는 입장을 생각할 수 있다. 실무적으로 누군가 이를 문제 삼지 않는다면 대개 이렇게 흘러갈 가능성이 크다. 특히 사업비 증액이 장기간에 걸쳐 이루어졌다면 이를 인지하기도 쉽지 않고 반드시 조합원 3분의 2 이상의 동의를 받아야 할 중대한 문제인지 의문이 생길 수도 있다.

그러나 실질적으로 사업비가 10% 이상 증액되었고, 이를 '경미한 사항의 변경'으로 처리한다면 악용할 우려도 없지 않아 당연히 조합원 3분의 2 이상의 동의를 받아야 한다는 입장도 설득력이 있다. 일부 하급심 판례의 입장이기도 하다.

마지막으로 이 둘을 절충하는 방법으로, 조합이 의도적으로 사업비를 나누어 증액한 것이 아니라면 법문에 따라 '경미한 사항의 변경'으로 처리해도 된다는 입장이 있다. 일부 하급심 판례의 입장이기도 한데, 조합의 동기를 파악하기 쉽지 않다는 점에서 오히려 논란의 소지가 있을 수 있다.

| 사견

  법은 사업비가 10% 이상 증액이 되면 원칙적으로 조합원의 의사를 묻겠다는 입장으로 보인다. 그런데 첫 번째 입장 또는 마지막 절충적 입장에 따르면, 결과적으로 조합원 의사가 반영되어 설정된 사업비를 기준으로 10% 이상의 증액이 발생하였음에도 조합원들의 의사가 전혀 반영되지 못하는 문제가 발생한다. 따라서 두 번째 입장에 따라 해석하는 것이 법의 취지에 부합한다고 본다.

9. 정보공개의무에 관해 알아둘 점
(도시정비법 제124조 및 제125조를 중심으로)
_이희창

　도시정비법은 추진위원장, 청산인, 조합임원 등에게 정비사업의 시행에 관한 일정 정보를 공개하도록 의무를 부과하고 있다. 이는 정비사업의 투명성·공공성을 확보하고 조합원 등의 알권리를 충족하기 위한 것으로서 매우 바람직한 제도라고 볼 수 있다.

　그런데 ▲임원으로 선출된 직후라서 관련 업무를 숙지하지 못할 수도 있고, ▲너무 많은 양을 복사하고 준비하다 보면 실수로 빠뜨릴 수도 있고, ▲업무에 몰입하다가 15일이라는 기간을 깜박하고 놓칠 수도 있고, ▲공개 요청받은 자료가 시행자가 보관하고 있는 자료가 아니라 생성·가공해야 하는 정보일 수도 있고, ▲법문에 해당하는 자료인지도 헷갈릴 수도 있는 등 기타 사정으로 공개하지 못하는 경우가 생길 수 있다. 물론 정보 공개에 관한 도시정비법 위반으로 처벌받아 하루아침에 전과가 생길 수 있다는 점, 자칫 100만 원 이상 선고되어 확정될 경우 그 직을 상실할 수 있다는 점 등을 고려한다면 될 수 있으면 공개하는 것이 바람직하다. 그렇지만 또 정보공개를 준비하다가 정작 사업시행에 관한 중차대한 업무들을 소홀히 할 수 없기에 몇 가지 쟁점들은 알아두면 좋겠다.

| **속기록·녹음 또는 영상자료의 공개의무 인정 여부**

때로 속기록이나 녹음자료 또는 영상자료의 공개를 요청하는 경우가 왕왕 있다. 결론부터 이야기하면 공개 대상으로 보기 어렵다. 이들 자료는 모든 회의에서 만들어지는 것이 아니다. 대표적으로 총회, 조합원 또는 토지등소유자의 비용 부담을 수반하거나 권리·의무의 변동을 발생시키는 경우로서 용역 계약 및 업체 선정 관련한 대의원회와 이사회, 조합임원·대의원의 선임·해임·징계 및 토지등소유자 자격에 관한 대의원회와 이사회의 경우 도시정비법 제125조 및 도시정비법 시행령 제94조에 따라 만들어지는 것이다.

심지어 위와 같은 자료는 만들어 청산 시까지 보관 대상으로 규정하고 있을 뿐 의사록과 같은 공개 대상으로 명시하지는 않고 있다. 대법원 역시 현행 도시정비법 제124조 제1항 제3호에서 정한 의사록의 '관련자료'에 속기록이 포함된다고 보는 것은 문언의 가능한 의미를 벗어나 피고인에게 불리한 확장해석에 해당하여 허용될 수 없다고 판시한 바 있다.

하지만 위 속기록 등을 만들지 않거나 청산 시까지 보관하지 않는다면 이 또한 도시정비법 위반으로 처벌될 수 있으니 반드시 유의해야 한다.

| 조합이 작성한 문서도 도시정비법 제124조 제1항 제6호의 '해당 정비사업의 시행에 관한 공문서'에 해당하나

최근 하급심 법원은 명문의 근거 규정 없이 정비사업의 투명성·공공성 확보 또는 조합원의 알권리 보장 등 규제의 목적만을 앞세워 각호에 명시된 서류의 '관련자료' 범위를 지나치게 확장하여 인정하는 것은 죄형법정주의가 요구하는 형벌법규 해석원칙에 어긋난다고 판시하였다.

또 조합이 관할 행정청의 감독 아래 도시정비법상 주택재건축사업을 시행하는 공법인에 해당한다고 하더라도, 도시정비법 제124조 제1항 제6호의 '해당 정비사업의 시행에 관한 공문서'에 조합이 작성한 문서가 포함된다고 본다면 조합이 공개하여야 하는 문서로 동 항 다른 호에서 열거하고 있는 용역업체 선정계약서, 사업시행계획서, 월별 자금의 입·출금 세부내역, 결산보고서 등 다른 자료와 중복되는 점, 공문서는 공무원이 그 직무에 관하여 작성하는 문서인데 도시정비법 제49조는 '조합에 관하여는 이 법에 규정된 사항을 제외하고는 민법 중 사단법인에 관한 규정을 준용한다'라고 정하고 있고, 도시정비법 제134조는 '조합임원은 형법상 뇌물 범죄에 대한 규정을 적용할 때 공무원으로 본다'라고 규정하고 있는 점을 고려하면, 벌칙 규정에 대한 적용 외에는 조합장 등을 공무원으로 보지 않는 것으로 해석함이 타당하므로 조합이 작성한 문서는 공문서에 해당하지 않는다고 하였다.

그뿐 아니라 최근 경찰 단계에서 불송치 결정도 나오고 있다. 그러나 조합명의 문서가 공문서에 해당하지 않는다고 하여 해당 문서를 공개하지 않아도 된다고 오해하지 않았으면 한다. 도시정비법 제124조 제4항은 "정비사업 시행에 관한 서류와 관련자료"를 공개하도록 규정하고 있는 바, 반드시 조합명의 문서가 정비사업 시행에 관한 서류에 해당하는지, 혹은 이와 관련한 자료로 볼 수 있는지까지 검토해야 한다. 이에 해당한다면 공개하는 것이 타당하다고 본다.

10. 정보공개 규정 개정이 절실한 이유
_김정우

　재개발 재건축조합 자문 변호사를 하면서 가장 많이 받는 질문인 동시에 답변하기 까다로운 부분이 조합임원의 정보공개의무에 관한 내용이다.

　도시정비법 제124조 제1항은 '정비사업의 시행에 관한 다음 각 호의 서류 및 관련자료'에 대해서 인터넷 등에 공개하도록 규정하고 있으며, 동조 제4항은 위 제1항의 서류를 포함해 '정비사업 시행에 관한 서류와 관련자료'에 대해 모두 열람·복사 대상으로 규정하고 있다. 여기서 '관련자료'의 범위에 대한 명시적인 규정이 없으므로 매우 포괄적으로 해석될 여지가 있다. 사실상 정비사업과 관련한 모든 자료가 공개 대상이라고도 볼 수 있다.

조합임원이 위 정보공개의무를 위반할 경우 형사처벌을 받는다. 필자의 판단으로 '관련자료'에 포함되지 않는다고 생각하더라도 조합임원에 대한 형사처벌의 위험이 있기에 단정적으로 공개의무가 없다고 자문하기 매우 어렵다.

명확성 부족으로 인한 법적 혼란, 판사들도 엇갈리는 판결 수두룩

똑같은 서류를 두고도 판사들 사이에서 엇갈리는 판결이 자주 나오기도 한다. 코에 걸면 코걸이, 귀에 걸면 귀걸이인 상황이다. 운이 좋으면 무죄를 받지만, 운이 나쁘면 유죄를 받을 수도 있다. 다른 로펌에서 수행한 사건에서 유죄가 나왔다고 하더라도, 우리 로펌에서 수행한 사건에서 무죄가 나오면 일단 다행이라 생각하며 가슴을 쓸어내린다. 반대로 다른 로펌 변호사는 얼마나 화가 날까? 그만큼 도시정비법 제124조의 '관련자료'라는 규정은 동료 변호사들 사이에서도 많은 문제가 있다는 의견이 다수이다. 이 규정은 위헌 소지도 매우 크다고 본다.

대법원에서 명시적으로 비공개 대상 자료라고 판시하지 않는 한, 대한민국의 판사, 검사, 변호사 누구도 어떤 서류가 '관련자료'가 아니라고 100% 단정할 수 없다. 그럼에도 현재로서는 지킬 수밖에 없다. 악법도 법이니까….

조합원 개인정보 보호의 심각한 공백, 조합집행부만 골머리 썩는다

이런 상황에서 조합이 공개를 가장 부담스러워하는 자료는 개인 프라이버시와 관련된 성명, 주소, 전화번호 등 인적 사항이 기재된 자료이다. 본인의 의사와 무관하게 각 조합원의 개인정보가 다른 사람들에게 제공될 수밖에 없으며, 이에 대해 많은 조합원이 불쾌감을 넘어 불안감을 가지고 있는 것이 사실이다.

그 정보가 공개된 이후 어떻게 악용될지는 전혀 예측할 수 없다. 미래에 발생할 수 있는 피해는 고스란히 각 조합원의 몫이다. 본인의 전화번호가 공개되는 것에 대해 많은 조합원이 조합에 항의한다. 이런 항의를 받는 것 자체가 조합임원으로서는 큰 부담이다.

도시정비법은 위와 같은 개인정보 침해 우려를 극히 제한적으로 고려한다. 현행법상 비공개 대상은 오로지 주민등록번호뿐이다. 다른 개인정보는 모두 공개할 수밖에 없다. 더구나 대법원은 다른 조합원들과의 '정보공유' 필요성을 들어 각 조합원 개인의 전화번호도 공개 대상이라고 명시적으로 판시했다. 프라이버시를 중요하게 생각하는 필자는 이해하기 어려운 판결이다. 악법(惡法) 더하기 악판(惡判)이다.

또한 대법원은 조합원들이 제출한 총회 서면결의서도 공개 대상 자료에 해당한다고 판시했다. 해당 서면결의서에 기재된 이름과 주소 등 인적 사항도 공개될 수밖에 없다. 조합은 서면결의서를 공개함으로써 투표의 비밀조차 지킬 수 없는 상황이 되었다.

| 도시정비법 개정의 필요성과 제안

이런 문제를 근본적으로 해결하기 위해 도시정비법 개정이 절실하다. 우선 명확성의 원칙에 반하는 도시정비법 제124조의 '관련 자료' 규정을 삭제하거나, 삭제가 어려우면 그 범위의 한계를 명확히 하고 공개 대상 자료를 명시적으로 열거하여 엄격히 제한할 필요가 있다. 그리고 조합원들의 프라이버시를 보장하기 위해 전화번호 등과 같은 민감한 개인정보는 공개 대상에서 제외해야 한다. 국토교통부와 국회의 결단을 촉구한다.

11. 불분명하거나 방대한 열람·복사 요청에 조합이 대응하는 방법 _김정우

　재개발 재건축조합 임원 등의 정보공개의무의 범위에 관한 문의가 끊이지 않고 있다. 도시정비법 제124조 제1항은 인터넷 공개 대상 자료에 '정비사업에 관한 다음 각호의 서류 및 관련자료'라고 규정하고 있고, 동조 제4항은 '제1항에 따른 서류 및 다음 각호를 포함하여 정비사업 시행에 관한 서류와 관련자료'를 열람·복사 대상으로 규정하고 있다.

열람·복사 요청에 대한 법적 의무와 문제 제기

　조합원 또는 토지등소유자가 열람·복사 대상 자료를 불분명하거나 방대하게 요청하여 위 규정에 따른 공개 대상인지 아닌지 판단하기 어려운 경우에는 어떻게 대처해야 할까?

이와 관련해 참조할 만한 판결이 있어 이를 소개하고자 한다. A 조합원이 ▲사업인가신청 관련 전부 ▲사업인가 변경신청 관련 전부 ▲관리처분 내역서 1차 관련 전부 ▲관리처분 내역서 2차 관련 전부에 관한 자료에 대해 열람·복사를 요청했는데, B 조합임원이 이를 거부한 사건이었다.

도시정비법 제124조 제4항에 따른 조합원 등의 열람·복사 요청을 거부할 경우 조합임원은 형사처벌 대상이 된다. 따라서 조합원 등의 열람·복사 요청 대상은 조합임원이 도시정비법 제124조 제1항 및 제4항에 정해진 서류 및 자료 중 어디에 해당하는 것인지 판단할 수 있을 정도로 특정되어야 한다.

다만 그 범위가 불분명하더라도 조합임원은 그 이유만으로 조합원 등의 열람·복사 요청을 거부해서는 안 되며, 해당 정보를 특정하기 위해 노력할 필요가 있다. 예를 들어 구체적인 자료 목록의 제시를 요청하거나 가능한 범위에서 특정되는 자료를 제공하기 위해 노력하는 것이다.

| 판례를 통해 본 조합임원의 대응 방법

위 사건에서 창원지방법원도 "통상 조합원 등은 조합의 지배영역 내에서 조합 운영과 관련해 어떠한 정보가 생성되어 존재하는

지 구체적으로 알기 어려워 조합과 조합원 사이에 정보의 비대칭이 존재하는 점 등을 고려하면, 조합임원은 조합원 등이 열람·복사를 요청하는 자료의 대상과 범위가 다소 불분명한 사정이 있다고 하더라도, 그러한 사정만을 들어 조합원 등의 요청에 불응하여서는 안 되고, 조합원 등이 기재한 사용용도에 따른 대상 자료의 파악, 자료목록 제시를 통한 특정과 같은 조치를 취하는 등으로 조합원 등의 열람·복사 요청에 따라야 할 법률상 의무를 이행하기 위한 노력을 해야 할 것이다. 만일 조합임원이 그러한 노력을 다했음에도 조합원 등이 요청하는 자료가 무엇인지 알 수 없어 그 요청에 따르는 것을 기대하기 어려울 경우 책임이 조각될 수 있을 뿐이다"라고 판시했다.

도시정비법 제124조 제1항 및 제4항의 입법취지는, 조합임원은 조합을 대표하면서 막대한 사업자금을 운용하는 등 각종 권한을 가지고 있기에 조합임원과 건설사 간 유착으로 인한 비리가 발생할 소지가 크고, 정비사업과 관련된 비리는 그 조합과 조합원의 피해로 직결되어 지역사회와 국가 전체에 미치는 병폐도 크므로, 이를 개선하는 방안으로서 정비사업의 시행과 관련된 서류와 자료를 공개하도록 하여 정비사업의 투명성·공공성을 확보하고 조합원의 알권리를 충족시키기 위한 것이라는 점이 우리 법원의 입장이며, 그에 따라 최근 법원도 그 공개 대상의 범위를 넓게 인정하고 있다.

열람·복사 요청의 범위와 제공 방식

그리고 도시정비법 제124조 제4항에 의하면 조합원 등이 열람·복사를 요청하는 자료가 반드시 동조 제1항, 제4항의 각호에 열거된 서류 및 관련자료에 한정되는 것이 아니며, '정비사업 시행에 관한 서류와 관련자료'를 열람·복사 대상이라고 명시적으로 규정하고 있다는 점에서 사실상 정비사업 시행에 관한 모든 자료가 이에 해당한다고 볼 수 있다.

더구나 이 사건에서 문제가 된 자료들은 사업시행계획서, 관리처분계획서 및 각 관련자료에 해당한다고 볼 수 있다. 창원지방법원도 위 자료들이 도시정비법 제124조 제4항의 열람·복사 대상에 해당한다고 판시했다.

한편 A 조합원이 요청한 '사업인가신청 관련 전부', '관리처분내역서 1차 관련 전부' 등은 그 자료가 매우 방대한데, 이를 이유로 하여 조합임원이 이메일 전송 또는 복사를 거부할 수도 없다. 대법원도 열람·복사의 방법에 우편, 팩스, 이메일 등의 방법을 이용할 수 있다는 취지로 판시한 바 있다.

| **조합임원의 현실적 대응 방안**

　만약 해당 자료의 범위가 매우 광범위해 그 전체를 15일의 법정 기한 내에 모두 열람·복사해주는 것이 현실적으로 불가능한 사정이 있을 경우, 조합임원은 가능한 범위 내에서 최대한 자료를 제공할 수 있도록 노력해야 한다.

　예를 들어 해당 조합원 등에게 요청한 자료의 범위를 구체적으로 특정하거나 한정해 달라는 취지의 보완 요청을 할 수도 있고, 또한 15일의 기한 내에 가능한 범위 내에서 최대한의 자료를 제공하도록 해야 한다.

3장
역전되는 갑을 관계에서 살아남기

1. 재개발 재건축 시공자 선정 절차와 법적 쟁점 _유재벌
2. 시공사 선정에 관한 업무의 지원과 형사처벌 _임형준
3. 정비사업 협력업체 선정 시 알아둘 점 _이희창
4. 재개발 재건축 정비사업 협력업체 선정할 때 주의할 점 _유재벌

1. 재개발 재건축 시공자 선정 절차와 법적 쟁점
_유재벌

　재개발 재건축 등 정비사업은 토지등소유자가 조합원이 되어 자신의 종전자산을 출자하고 공사비 등을 투입하여 구 주택을 철거한 후 신 주택을 건축한 다음 신 주택 중 일부는 조합원에게 배분하고 나머지는 일반분양하여 그 수입을 가지고 정산하는 것을 기본 골격으로 한다. 따라서 필연적으로 구 주택의 철거와 신 주택의 건축이라는 시공행위가 요구되며 이를 위한 시공자 선정이 그 무엇보다 중요하다.

　조합은 조합설립인가를 받은 후 조합총회에서 국토교통부장관이 고시한 정비사업 계약업무 처리기준(이하 계약업무처리기준)에 따라 경쟁입찰 또는 수의계약(2회 이상 경쟁입찰이 유찰된 경우로 한정)의 방법으로 건설산업기본법 제9조에 따른 건설업자 또는 주택법 제7조 제

1항에 따라 건설업자로 보는 등록사업자(이하 건설업자 등)를 시공자로 선정하여야 한다.

다만 예외적으로 대통령령으로 정하는 규모, 예를 들어 조합원 100인 이하의 정비사업은 조합총회에서 정관으로 정하는 바에 따라 선정할 수 있어 경쟁입찰의무와 계약업무처리기준이 적용되지 않으며, 토지등소유자가 20인 미만인 재개발사업에서는 별도의 조합을 구성하지 않으므로, 행정주체지위 부여의 효력이 있는 사업시행계획인가를 받은 후 자치규약에 따라 건설업자 등을 시공자로 선정하여야 하는 바 이 역시 경쟁입찰의무와 계약업무처리기준도 적용되지 않는다.

조합은 조합설립인가를 받은 후 조합총회에서 시공자를 선정할 수 있는데 시공자 선정 및 변경은 조합원총회의 고유권한이므로 대의원회가 대행할 수 없다고 명문으로 규정하고 있다. 대법원은 추진위원회가 개최한 주민총회에서 시공사를 선정한 결의는 무효라고 판시한 바 있다.

그러나 재개발 구역의 시공자 선정시기에 관하여 아무런 제한이 없었던 구법 하의 기간(2005. 3. 18.부터 2006. 8. 24.까지) 중 추진위원회에서 시공사를 선정하면 그 후 조합원총회에서 그대로 승인 또는 추인하는 내용을 결의한 경우에 그 총회결의는 유효하며, 이때 경쟁입찰의 방법으로 선정할 필요는 없다고 판시하였다. 일부 조합원들이 위와 같은 시공자 선정 시기 개정 연혁에 관한 충분한 검토 없이 조합집행부를 상대로 형사고발과 행정소송 등 문제를 제기하였는데, 필자가 조합집행부의 소송대리와 형사 변호를 수행하여 불송치 결정, 소 취하의 결과를 얻었다.

시공자 선정은 ①입찰 공고, ②현장설명회, ③입찰 실시, ④대의원회 의결, ⑤합동홍보설명회, ⑥시공자 선정 총회, ⑦계약체결의 순으로 진행된다.

사업시행자는 조합원총회에서 경쟁입찰 또는 수의계약의 방법으로 건설업자 등을 시공자로 선정하여야 한다. 계약업무처리기준에 따르면 '일반' 경쟁입찰이 미응찰 또는 단독응찰의 사유로 2회 유찰된 경우에는 총회의 의결을 거쳐 수의계약의 방법으로 건설업자 등을 시공자로 선정할 수 있다고 규정하고 있는바 지명경쟁입찰이 2회 유찰된 경우에는 수의계약을 체결할 수 없다고 해석된다. 실무상 시공자 선정의 경우 지명경쟁입찰은 찾아보기 어렵다.

사업시행자는 입찰서 제출 마감일 20일 전까지 현장설명회를 개최하여야 하는데, 비용산출내역서 및 물량산출내역서 등을 제출해야 하는 내역입찰의 경우에는 입찰서 제출 마감일 45일 전까지 현장설명회를 개최하여야 한다. 다른 용역계약의 경우에는 현장설명회나 합동홍보설명회 개최가 재량사항이나, 시공자 선정의 경우에는 의무 사항이다.

사업시행자는 제출된 입찰서 모두 대의원회에 상정하여야 한다. 이때 대의원회는 총회에 상정할 6인 이상의 건설업자 등을 선정하여야 한다. 단, 입찰에 참여한 건설업자 등이 6인 미만일 때에는 모두 총회에 상정하여야 한다. 총회에 상정할 건설업자 등의 선정방법에 관하여는 대의원회 재적의원 과반수가 직접 참여한 회의에서 비밀투표의 방법으로 의결하여야 하되 서면결의서 또는 대리인을 통한 투표는 인정하지 아니한다고 규정하고 있다. 이에 관하여 하급심은 위 '서면 또는 대리인을 통한 투표 금지 규정'은 총회에 상정할 6인 이상의 건설업자 등을 선정할 경우에 한하여 적용되는 것이지 입찰에 참여한 건설업자 등이 5인 이하여서 모두 총회에 상정하여야 할 경우에는 적용하지 않는 것으로 해석된다고 판시한 바 있다.

대의원회에서 총회에 상정할 건설업자들을 선정한 경우에는 토지등소유자에게 이를 통지하여야 하고, 건설업자 등의 합동홍보설명회를 2회 이상 개최하여야 한다. 실무상 합동홍보설명회 2회 중 1회는 총회 전에 별도로 개최하고, 나머지 1회는 시공자 선정 총회 당일 총회장에서 1부 행사로 진행하고 있다. 합동설명회를 개최할 때는 사업시행자는 개최일 7일 전까지 일시 및 장소를 정하여 토지등소유자에게 이를 통지하여야 한다.

 시공자 선정을 위한 총회의 경우 조합원 과반수가 직접 출석하여 의결하여야 한다. 대리인이 참석한 때에는 직접 출석한 것으로 보나 조합원이 서면결의서를 철회하고 시공자 선정 총회에 직접 출석하여 의결하지 않는 한 서면결의자는 직접 출석자에 포함되지 않는다. 아울러 서면결의서의 매수행위 등을 방지하기 위하여 서면결의서 제출 방법을 제한하고 있다. 즉, 조합원은 조합이 지정한 기간, 시간 및 장소에서 서면결의서를 배부받아 제출하여야 한다. 이른바 '부재자투표방식의 서면결의'만 인정하고 있다. '직접 출석'에 대리인 출석이 포함되는 것과의 균형상, 부재자투표방식의 서면결의서 제출 방식의 의결권행사도 대리인이 행사할 수 있다고 봄이 타당하다.

 정관에 별도의 의결정족수에 관한 규정이 없다면 조합원총회에서 출석 조합원 과반수의 찬성으로 시공자를 선정하여야 한다. 1차 투표에서 출석 조합원 과반수의 찬성을 얻지 못한 경우를 대비하여 조합은 결선 투표 또는 2차 투표 방법을 사전에 정할 수 있다. 이 경우 재투표하기 전에 조합원 과반수 직접 출석 여부를 확인하는 것이 바람직하다.

 시공자를 선정하는 총회의 의결은 낙찰자 결정과 동일한 의미이며, 이는 계약의 편무예약에 해당하고, 사업시행자는 시공자 선정 또는 변경계약서 및 관련자료가 작성되거나 변경된 후 15일 이내에 이를 토지등소유자 또는 세입자가 알 수 있도록 인터넷과 그 밖의 방법을 병행해 공개하여야 한다.

2. 시공자 선정에 관한 업무의 지원과 형사처벌
_임형준

　재개발 재건축조합은 통상 총회 대행업체를 통해 총회를 준비하고, 총회 대행업체는 정비사업전문관리업 등록을 하지 않은 경우가 대부분인데, 정비사업전문관리업 등록을 하지 않은 총회 대행업체가 시공자 선정 안건 또는 설계자 선정 안건이 포함된 총회를 대행하는 경우 업무를 위탁받은 총회 대행업체 또는 업무를 위탁한 조합장이 형사처벌되는지 문제가 된다.

정비사업전문관리업 제도의 취지

　재건축 재개발사업의 시공자는 총회에서 선정하여야 하고, 시공자 선정에 관한 업무의 지원은 법령상 요건을 갖추어 시·도지사에게 정비사업전문관리업 등록을 한 업체만이 수행할 수 있는데, 이를 위반하여 등록하지 아니하고 해당 업무를 위탁받은 자는 형사처벌 대상이다. 그런데 시공자 선정에 관한 업무의 지원이 구체적으로 어떠한 업무를 의미하는지 명확한 기준이 마련되어 있지 않아 자칫 위 규정에 따른 처벌 대상이 부당하게 확대될 여지가 있다. 도시정비법 제102조 제1항에서 정비사업전문관리업제도를 둔 취지는 정비사업 시행 과정에서 조합의 비전문성을 보완함으로써 조합원의 권익을 보호하고 사업추진의 효율성을 도모하기 위함이고, 특히나 시공자 선정에 관한 업무 지원의 경우 시공자 선정 과정의 공정성과 투명성을 담보하기 위한 것으로 볼 수 있는바, 시공자 선정 안건이 포함된 총회를 대행한 업체가 도시정비법을 위반하여 처벌 대상인지, 해당 업체에 업무를 위탁한 조합장이 처벌 대상인지 아닌지는 위 입법취지에 따라 판단해야 할 것이다.

구체적인 처벌 대상 업무

정비사업전문관리업 등록을 하지 않은 총회 대행업체가 단순히 시공자 선정 안건이 포함된 총회를 대행하였다는 이유로 도시정비법을 위반하였다고 볼 수는 없을 것이다. 통상 총회 대행업체는 ①총회 장소 대관, ②속기사, 영상 촬영 기사, 경호 인력 섭외 등 총회의 원활한 진행을 위한 각종 준비, ③총회비표, 총회용 사무용품 등 준비, ④총회 당일 현장 지원 업무 예를 들어 총회장 정리, 좌석 배치, 단상 정리, 투표소 준비, 총회장 입구에서 조합원들에게 총회장 안내, 조합원 여부 확인, 총회 종료 후 정리 등 총회를 단순 준비하는 업무를 수행하는 바 특별히 전문성을 요하지 않고, 시공자 선정 과정의 공정성과 투명성을 해할 여지가 없는 위 단순 준비 업무를 수행하였음에도 단지 해당 총회에 시공자 선정 안건이 포함되어 있다는 사정만으로 해당 총회 대행업체가 시공자 선정에 관한 업무를 지원하여 도시정비법을 위반하였다고 볼 수는 없다. 다만 정비사업전문관리업 등록을 하지 않은 총회 대행업체가 시공자 선정 안건이 포함된 총회와 관련하여 ①조합원들로부터 서면결의서를 징구하거나, ②조합원들에게 시공자 선정 안건에 관한 설명을 하거나, ③조합원들에게 후보 시공자들을 홍보하는 등 단순 총회 준비 업무를 넘어 실질적으로 시공자 선정에 관한 업무를 지원한 것으로 볼 수 있는 경우 형사처벌될 수 있으니 유의할 필요가 있다.

또한 도시정비법은 정비사업전문관리업 등록을 하지 아니하고 해당 업무를 위탁받은 자를 형사처벌 대상으로 규정할 뿐, 해당 업무를 위탁한 자를 처벌하는 규정을 두고 있지 않은 바, 조합장은 어느 모로 보나 처벌 대상으로 볼 수 없다. 다만 그럼에도 조합장을 공범으로 보아 도시정비법 위반으로 유죄를 선고한 하급심 판결도 있는 만큼 정비사업전문관리업 등록을 하지 아니한 업체에 업무를 위탁하려는 조합장은 해당 업무 위탁이 도시정비법에 반하지 않는지 사전에 전문가의 검토를 받을 필요가 있다.

3. 정비사업 협력업체 선정 시 알아둘 점
(도시정비법 제29조 및 동법 시행령 제24조를 중심으로)
_이희창

협력업체란 정비사업을 성공적으로 수행하기 위해 분야별로 업무를 추진케 하는 용역업체를 말한다. 예를 들면 시공자, 정비사업전문관리업자, 설계자, 감정평가법인, 변호사, 세무사, 법무사, 경관심의, 교통영향평가, 정비기반시설공사, 이주관리, 석면업체 등 약 30개 관련 업체가 있다.

한편 추진위 단계에서는 주민총회에서 정비사업전문관리업자와 설계자를 선정하고, 조합 단계에서는 총회에서 시공자, 정비사업전문관리업자, 설계자, 감정평가법인을 선정한다. 그 이외의 업체는 특별한 사정이 없는 한 대의원회에서 선정할 수 있다.

2018. 2. 9. 이전에는 국토교통부고시 및 서울특별시고시 등으

로 시공자, 정비사업전문관리업자와 같은 중요한 협력업체의 선정 기준을 정하였고, 이러한 고시는 조합 정관보다 우선시되었다. 그러나 2018. 2. 9. 이후에는 도시정비법 제29조 및 동법 시행령 제24조와 '정비사업계약업무 처리기준'에 따라 협력업체를 선정하여야 한다.

먼저 협력업체 선정 방법으로는 일반경쟁이 원칙이며, 다만 시행령 제24조 제1항에 해당되는 경우 예외적으로 지명경쟁과 수의계약이 가능하다. 이를 위반하는 경우에는 3년 이하의 징역 또는 3천만 원 이하의 벌금에 처한다.

그리고 건설산업기본법에 따른 건설공사로서 추정가격 6억 원 초과 공사계약, 건설산업기본법에 따른 전문공사로서 추정가격 2억 원 초과 공사계약, 공사 관련 법령에 따른 공사로서 추정가격 2억 원 초과 공사계약, 추정가격 2억 원을 초과하는 물품 제조·구매, 용역, 그 밖의 계약을 체결하기 위해서는 반드시 나라장터와 같은 전자조달시스템을 이용하여야 한다. 이를 위반할 경우에는 500만 원 이하의 과태료에 처한다.

아울러 계약을 체결하는 경우 계약의 방법 및 절차 등에 필요한 사항은 정비사업 계약업무 처리기준에 정해져 있으므로 이를 충분히 숙지해야 할 것이다.

금액대별 지명경쟁, 수의계약, 일반경쟁 가능 여부를 살펴보겠다.

건설산업기본법에 따른 건설공사의 경우 ▲1원 내지 2억 원은 지명경쟁과 수의계약이 가능하고, ▲2억 원 초과 내지 3억 원은 지명계약이 가능하며, ▲3억 원을 초과하는 경우 일반경쟁으로 진행하여야 한다. 다만 6억 원을 초과하는 경우 전자입찰로 일반경쟁을 진행해야 한다.

건설산업기본법에 따른 전문공사의 경우 ▲1원 내지 1억 원은 지명경쟁과 수의계약이 가능하고, ▲1억 원을 초과하는 경우 일반경쟁으로 진행하여야 한다. 다만 2억 원을 초과하는 경우 전자입찰로 일반경쟁을 진행해야 한다.

건설산업기본법에 따른 건설공사와 전문공사를 제외한 공사의 경우 ▲1원 내지 8천만 원은 지명경쟁과 수의계약이 가능하고, ▲8천만 원 초과 내지 1억 원은 지명경쟁이 가능하며, ▲1억 원을 초과하는 경우 일반경쟁으로 진행하여야 한다. 다만 2억 원을 초과하는 경우 전자입찰로 일반경쟁을 진행해야 한다.

물품 제조·구매, 용역, 그 밖의 계약인 경우 ▲1원 내지 5천만 원은 지명경쟁과 수의계약이 가능하고, ▲5천만 원 초과 내지 1억 원은 지명경쟁이 가능하며, ▲1억 원을 초과하는 경우 일반경쟁으로 진행하여야 한다. 다만 2억 원을 초과하는 경우 전자입찰로 일반경쟁을 진행해야 한다.

도시정비법 시행령 제24조 제1항 제2호 라목 추정가격에 부가세는 포함되지 않는다고 해석되니 함께 알아두면 좋겠다.

4. 재개발 재건축 정비사업 협력업체 선정할 때 주의할 점 _유재벌

　조합임원은 재개발 재건축 정비사업을 진행하는 과정에서 여러 형사처벌의 위험이 있다. 그중에서도 가장 비율이 높은 것은 ①도시정비법상 정보공개의무를 위반하는 것과 ②협력업체를 선정하면서 도시정비법령을 위반하는 것이다.

　협력업체를 선정하는 과정에서 가장 문제가 되는 것은 예산으로 정한 사항 외에 조합원에게 부담이 되는 계약을 체결하는 것이다. 이러한 계약은 총회의 전속의결사항이며 대의원회에서 대행할 수 없다. 예산으로 정한 사항 외에 조합원에게 부담이 되는 계약체결을 위한 총회의 의결정족수는 특별한 사정이 없는 한, '전체 조합원 10% 이상이 직접 출석'하여 '조합원 과반수 출석과 출석 조합원 과반수'의 의결을 받아야 한다. 다만 시공사 선정은 요건이 더욱 가중되어 '전체 조합원의 50% 이상이 직접 출석'하여 '조합원 과반수 출석과 출석 조합원 과반수의 의결'을 받아야 한다는 점을 유의해야 한다.

총회의 의결을 거치지 않고 예산으로 정한 사항 외에 조합원에게 부담이 되는 계약을 체결한 조합임원은 형사처벌 대상이 된다. 이와 달리 예산 범위 내의 협력업체 선정 및 계약체결은 대의원회가 대행할 수 있다.

조합은 예상치 못한 정비사업비의 지출을 위해 예비비 항목으로 예산을 수립할 수 있고, 조합은 예비비 사용이 필요한 정당한 사유가 있으면 예비비 항목의 예산을 사용하여 예산에 없는 항목의 계약을 체결하고 예비비를 사용할 수 있으므로 예비비 범위 내의 계약체결도 대의원회의 의결로 가능하다. 이는 대법원의 입장이기도 하다. 다만 예비비 항목이 모두 지출되어 소진되었다면 통상 예비비 항목의 예산으로 지출되어 온 업무에 대한 지출 또는 계약체결이라 하더라도 이는 '예산으로 정한 사항 외에 조합원에게 부담이 되는 계약'에 해당한다는 점에 유의할 필요가 있다.

위와 같은 절차뿐 아니라 도시정비법 제29조와 국토교통부가 고시한 '정비사업 계약업무처리기준'도 아울러 준수해야 한다. 도시정비법 제29조 제1항에 따른 계약의 방법을 위반하여 계약을 체결한 추진위원장, 조합임원, 토지등소유자가 시행하는 재개발사업의 경우 그 대표자는 형사처벌의 대상이 된다. 다만 도시정비법 제29조나 정비사업계약업무처리기준의 문언상 주민대표회의는 적용되지 않는다고 보며, 국토교통부 유권해석도 같은 입장이다.

추진위원장 또는 사업시행자는 도시정비법 또는 다른 법령에 특별한 규정이 있는 경우를 제외하고는 계약을 체결하려면 일반경쟁에 부쳐야 하며, 다만 계약 규모, 재난의 발생 등 대통령령으로 정하는 경우에는 지명경쟁입찰이나 수의계약으로 할 수 있다.

계약의 규모와 관련하여 도시정비법 시행령 제24조는 추정가격이 1억 원 이하의 용역계약인 경우에는 지명경쟁입찰을 할 수 있고, 추정가격이 5천만 원 이하의 용역계약인 경우에는 수의계약을 할 수 있다고 규정하고 있다. 이때 추정가격에 부가가치세가 포함되는지가 문제되는데, 부가가치세를 제외한 가액 기준으로 해석하는 것이 타당하며, 국토교통부의 유권해석도 같은 입장이다. 필자의 사견으로는 지명경쟁입찰이나 수의계약이 가능한 추정가격을 현실에 맞게 상향할 필요가 있다고 본다.

소송, 재난복구 등 예측하지 못한 긴급한 상황에 대응하기 위하여 경쟁에 부칠 여유가 없는 경우에도 수의계약을 할 수 있다. 이 사유에 해당하면 추정가격과 무관하게 수의계약이 가능하다. 다만 최근 하급심은 환급채권의 소멸시효가 임박한 상황에서 조합이 회계법인과 수의계약을 체결한 사건에서, 위임계약 체결 경위나 계약체결 후 수행한 업무 내용 등을 종합하여 수의계약 사유에 해당한다고 볼 수 없다고 판시한 바 있다. 긴급한 상황에서 수의계약으로 진행하기 위해서는 어떠한 긴급상황에 따라 수의계약을 하였는지, 또 어떠한 조처를 했는지 그 근거를 상세히 남겨두는 것이 바람직하다고 본다.

조합은 등기 업무를 위해서 법률 자문을 위한 법무법인 선정보다 조기에 법무사를 선정하는 경향이 있는데, 이때 반드시 주의할 점이 있다. 법무사 용역계약서에 '명도소송 소장 작성 및 제출'이라는 항목이 추가된 초안에 대하여 자세히 검토하지 않고 진행하는 경우가 많다. 그러나 명도소송은 별도의 입찰을 통해 해당 업무를 수행할 전문 변호사 또는 법무법인을 선정해야 하므로 법무사와의 계약 진행 시 '일괄 명도소송 소장 작성 및 제출' 항목은 제외하는 것이 타당하다.

명도소송은 법무사의 소장 대필에서 끝나는 것이 아니라 결국은 전문 변호사를 선임하여 소송을 통해 최종적으로 해결할 수밖에 없으며, 법무사 보수 규정의 제한을 받는 법무사에 비하여 전문 변호사가 오히려 가격 경쟁력 측면에서도 훨씬 유리하다.

재개발 재건축에 관련된 규정과 절차는 다양하고 복잡할 뿐 아니라 관련 규정의 해석에 관해서도 분쟁이 많다. 협력업체를 선정하고 계약하는 과정에서 발생할 수 있는 형사처벌의 위험을 최소화하기 위해서는 미리 도시정비사업 분야에서 많은 경험을 쌓은 전문 변호사의 조력을 받는 것이 무엇보다 중요하다고 본다.

4장
조합원 분양자격과
입주권 분쟁
정확히 파악하기

1. 재개발 재건축구역 내 조합원 아파트 분양에 관한 최근 분쟁 사례_유재벌
2. 재개발 재건축 5년 재당첨 제한 규정의 내용과 문제점_김정우
3. 다물권자 물건은 대법원 판결 모르고 사면 쪽박_김정우
4. 후발적 다물권자와 조합원 지위_김정우
5. 투기과열지구 재건축구역에서 일부 지분 양수 시 현금청산되나_김정우
6. '조합원 전원의 동의'가 필요한 재건축 상가조합원에 대한 아파트 분양_김정우

1. 재개발 재건축구역 내 조합원 아파트 분양에 관한 최근 분쟁 사례_유재벌

재개발 재건축구역 내 '토지등소유자'는 원칙적으로 조합설립인가 이후 조합원이 된다. 재개발은 토지 또는 건축물을 소유하면 조합설립동의 여부는 불문하나, 재건축은 토지 및 그 지상 건축물을 모두 소유하고 조합설립동의까지 해야 조합원이 된다.

조합원은 분양자격을 가진 자만 사업시행계획인가 이후 분양신청을 통하여 새로 건설되는 주택이나 상가를 분양받게 된다. 즉, 토지등소유자, 조합원자격, 분양자격은 상당부분 일치하나 완전히 일치하지 않으므로 주의를 요한다.

재개발사업의 주택 공급 대상자는 토지등소유자이나, 시·도 조례로 정하는 금액·규모·취득시기 또는 유형에 대한 기준에 부합하지 않는 토지등소유자는 시·도 조례로 정하는 바에 따라 분양대상에서 제외할 수 있다. 예컨대 분양신청자가 소유하고 있는 종전 토지의 총면적이 90제곱미터 미만인 자, 분양신청자가 소유하고 있는 권리가액이 분양용 최소규모 공동주택 1가구의 추산액 미만인 자는 공동주택의 분양대상자에서 제외된다.

재개발 재건축사업에서 조합원 주택 공급의 수는 어떻게 될까? 도시정비법은 "1세대 또는 1명이 하나 이상의 주택 또는 토지를 소유한 경우 1주택을 공급하고, 같은 세대에 속하지 아니하는 2명 이상이 1주택 또는 1토지를 공유한 경우에는 1주택만 공급한다"라고 규정하고 있다.

따라서 2명 이상이 1토지를 공유한 경우에는 그 공유자 모두가 1인의 분양대상자로서 1주택만 공급되는 것이 원칙이나, 시·도 조례로 주택 공급을 따로 정하고 있다면 시·도 조례에서 정하는 바에 따라 주택을 공급할 수 있다. 예컨대 서울시의 경우 재개발구역 내 1주택 또는 1필지의 토지를 여러 명이 소유하고 있다고 하더라도, 권리산정일 이전부터 공유로 소유한 토지의 지분이 90제곱미터 이상이거나 권리가액이 분양용 최소규모 공동주택 1가구의 추산액 이상에 해당하는 경우에는 각각 분양대상자가 될 수 있다.

재건축의 경우 과밀억제권역에 위치하지 아니한 재건축사업의 토지등소유자에게는 소유한 주택 수만큼 공급할 수 있고, 과밀억제권역에 있는 재건축사업의 토지등소유자에게는 소유한 주택 수의 범위에서 3주택까지 공급할 수 있다. 다만 투기과열지구 또는 조정대상지역에서 최초의 사업시행계획인가를 신청하는 재건축사업의 경우에는 그러하지 아니하다고 규정하고 있다.

즉, 2017. 11. 10. 이후 투기과열지구 또는 조정 지역에서 최초 사업시행계획인가를 신청하는 재건축사업의 경우에는 과밀억제권역과 무관하게 1세대 1주택 공급 원칙이 적용되며, 투기과열지구 또는 조정 지역이 아닌 상황에서 최초 사업시행계획인가를 받은 재건축사업의 경우에는 과밀억제권역에서는 3주택을 공급할 수 있고, 과밀억제권역이 아닌 지역에서는 소유하는 수만큼 공급할 수 있다는 것이다.

'1+1 분양'이라는 예외도 있다. 이는 재개발 재건축을 불문한 것이며, 종전자산가격의 범위 또는 종전 주택의 주거전용면적의 범위에서 2주택을 공급할 수 있고, 이 중 1주택은 주거전용면적을 60제곱미터 이하로 한다. 이때 60제곱미터 이하로 공급받은 1주택은 이전고시일 다음 날부터 3년이 지나기 전에 주택을 전매하거나 전매를 알선할 수 없다.

'1+1 분양' 여부는 사업시행자의 재량 영역이나, '1+1 분양'을 할 경우 조합원들 간의 형평 원칙을 현저하게 위반하여서는 아니 된다. 실제로 재건축조합이 일부 42평형 조합원들에게는 25+54 평형 분양신청서를 그대로 접수해주었음에도 일부 42평형 조합원들에게는 '42평형 조합원은 25+54평형 아파트를 1순위로 분양신청할 수 없다'라고 안내하면서 분양신청을 거부한 사건에서 서울고등법원은 분양신청할 기회를 실질적으로 보장받지 못한 이상 다른 조합원들에 대한 관계에서의 형평에도 반한다고 보아 해당 조합원에 관한 관리처분계획을 취소한 바 있다.

　위와 같은 재건축사업의 수 개 주택 공급 여부나 1+1 분양 여부는 사업시행자의 재량에 의한다는 점에 유의할 필요가 있는데, 실제로 최근 북아현2구역 조합은 1+1 분양을 취소하여 문제가 되고 있다. 일반적으로 정비구역 내 여러 부동산을 소유한 자나 세대의 경우에는 조합설립인가 이전에 미리 소유자를 변동하는 방법으로 조합원 입주권을 최대한 확보하는 경향이 있다.

　최근 대법원은 조합설립인가 후 1명의 토지등소유자로부터 토지 또는 건축물의 소유권을 양수하여 여러 명이 소유하게 된 때에는 원칙적으로 그 전원이 1인의 조합원으로서 1인의 분양대상자 지위를 가지며, 1세대에 속하는 수인의 토지등소유자로부터 각각 토지 또는 건축물 중 일부를 양수한 경우에도 동일하다는 취지로 판시했다. 도시정비법은 조합설립인가 후에 세대를 분리하여 동일한 세대에 속하지 아니하는 때에도 원칙적으로 1세대로 보기 때문이다.

다만 조합설립인가 후에 이혼하거나 19세 이상 자녀가 분가(세대별 주민등록을 달리하고 실거주지를 분가한 경우에 한정)하여 세대가 분리된 때에는 분리된 세대수만큼 조합원 수가 인정되는데, 최근 법제처는 시어머니(갑)와 며느리(을)가 각각 주택을 소유하고, 병(갑의 아들이자 을의 남편)과 갑이 1세대인 경우 갑과 을을 대표하는 1명만이 조합원이 되나 19세 이상인 아들 병과 그 배우자인 을이 분가하여 세대를 분리한 경우에는 '19세 이상 자녀의 분가'에 해당되어 갑과 을이 각각 조합원이 된다고 해석한 바 있다.

최근 재개발 재건축에 관련된 규정은 다양하고 복잡할 뿐 아니라 관련 규정의 해석에 관해서도 관련 하급심이 상반되는 판결을 하는 경우가 상대적으로 많다. 따라서 분쟁이 발생할 경우 도시정비사업 분야에서 많은 경험을 쌓은 법률전문가의 조력을 받는 것이 무엇보다도 중요하다.

2. 재개발 재건축 5년 재당첨 제한 규정의 내용과 문제점 _김정우

　강남구, 서초구, 송파구, 용산구 등 투기과열지구 내의 재건축 재개발사업들이 점점 박차를 가해 추진되고 있다. 이런 가운데 도시정비법상 투기과열지구 5년 재당첨제한제도와 관련된 문의를 자주 받고 있다. 투기과열지구에서 여러 부동산을 소유하고 있는 조합원의 경우 재당첨제한 규정의 적용을 받을 수 있고, 불가피하게 현금청산될 수도 있으니 주의할 필요가 있다. 또한 위 규정의 해석을 놓고 법원에서도 엇갈리는 판결을 하고 있어 규정 자체에 해석상 논란이 되는 부분이 있다. 이에 대해 살펴보고자 한다.

| **도시정비법 제72조 제6항, 5년 재당첨제한 규정의 내용**

　먼저 해당 규정의 내용을 살펴보자. 도시정비법 제72조 제6항에

따르면 투기과열지구의 재건축 재개발 정비사업에서 관리처분계획에 따라 조합원분양 또는 일반분양을 받은 분양대상자 및 그 세대에 속한 자는 분양대상자 선정일(조합원분양분의 분양대상자는 최초 관리처분계획인가일을 말한다)부터 5년 이내에는 다른 투기과열지구에서 조합원분양 신청을 할 수 없고 현금청산이 된다. 다만 상속, 결혼, 이혼으로 조합원자격을 취득한 경우에는 예외적으로 조합원분양 신청을 할 수 있다.

추가로 경과규정에 따른 예외가 있는데, 위 규정이 시행된 2017년 10월 24일 이전에 투기과열지구의 부동산을 취득한 사람인 경우에는 재당첨제한 규정이 적용되지 않는다. 그러나 만약 위 규정이 시행된 이후에 투기과열지구의 부동산을 취득하여 조합원분양대상자가 되거나 일반분양에 당첨될 경우에는 재당첨제한 규정이 적용된다.

| '분양대상자 및 그 세대에 속한 자'의 해석상 문제점

분양대상자와 동일한 세대에 속한 자는 모두 5년 재당첨제한 규정의 적용을 받는다. 그런데 도시정비법에 '세대'의 정의 규정이 없을 뿐 아니라 '동일한 세대'의 범위를 어떻게 해석해야 하는지에 관하여 명확한 규정이 없다. 그러다 보니 판사들 사이에서도 서로 다른 판단을 하였다. 수원지방법원은 '주민등록표 등재 사항을 기

준'으로 형식적으로 결정해야 한다고 판시했지만, 수원고등법원은 주민등록 등재 사항이 아니라 '현실적으로 주거 및 생계를 같이 하는 사람'인지 여부에 따라 결정해야 한다고 판시하였다. 동일한 규정에 대해 법원 판사들도 서로 다르게 판단하다 보니, 정비사업 현장에서도 분양신청권 인정 여부에 대해 혼란이 발생할 수 있다.

| 동일한 세대의 기준 시점이 불명확하여 발생하는 문제점

또 다른 문제점은 동일한 세대의 기준 시점을 언제로 해야 하는지가 명확하지 않아서 분쟁이 생길 수 있다. 예를 들어보자. 홍길동은 서울에 있는 A 재건축정비사업구역에서 투기와 무관하게 오랫동안 거주하고 있었는데, 결혼으로 한 세대를 이룬 며느리가 결혼하기 1년 전에 투기과열지구에서 일반분양에 당첨되었다. 며느리와 한 세대를 이루고 난 후 2년이 되지도 않아 A 재건축정비사업의 조합원분양 신청기간이 진행되었다. 이때 홍길동은 재당첨 제한 규정의 적용을 받아 현금청산이 될까? 이에 대해 명시적인 대법원 판결은 지금까지 찾을 수 없고 법조인들 사이에서도 논란이 있다.

다만 필자는 위 사례에서 홍길동은 분양신청을 할 수 있다고 생각한다. 왜냐하면 '동일한 세대의 기준 시점'에 대해 분양대상자로 확정되거나 일반분양에 당첨되었을 당시 동일한 세대원이라고 해석하는 것이 타당하기 때문이다. 만약 그렇지 않으면 위 사례와 같이 결혼이라는 우연한 사정으로 동일한 세대가 된 홍길동의 분양신청권을 과도하게 제한하는 결과가 되기 때문이다.

| **분양신청기간이 비슷한 시기에 진행될 경우,
재당첨제한 규정의 적용 배제 가능성**

재당첨제한 규정이 적용될 경우 최초 관리처분계획인가일로부터 5년 동안 다른 투기과열지구의 정비사업에서 조합원 분양신청이 불가능하다. 그런데 만약 투기과열지구의 정비사업에서 비슷한 시기에 분양신청기간이 진행될 경우, 위 규정의 적용이 배제될 수도 있다. 예를 들어 투기과열지구 내 서로 다른 A 구역, B 구역, C 구역에서 모두 재건축이 진행되고 있는데, 각 구역 모두 2026년 5월에 분양신청 절차를 진행한다고 가정해보자. 위 3개의 구역에 모두 부동산을 소유하고 있는 갑은 재당첨제한 기간이 진행되고 있지 않기 때문에, 현행 규정상 A 구역, B 구역, C 구역에서 모두 분양신청이 가능할 것으로 보인다. 이 부분은 입법자가 고려하지 못한 부분으로 보인다.

| **상속, 결혼, 이혼 등 예외 규정의 문제점**

도시정비법 제72조 제6항 단서는 재당첨제한의 예외로 '상속,

결혼, 이혼으로 조합원자격을 취득한 경우에는 예외적으로 조합원분양 신청을 할 수 있다'라고 규정하고 있다. 그런데 예외가 인정되는 상속, 결혼, 이혼의 시기가 언제인지가 명확하지 않다. 그러다 보니 위 규정 본문에 따른 분양대상자 선정 시점을 기준으로 하여 그 전이나 그 이후에 언제든지 위 상속 등의 사유가 발생하면 예외가 인정될 수 있다는 견해가 있지만, 예측 가능성을 이유로 위 본문에 따른 분양대상자 선정 시점 이후에 예외 사유가 발생해야 분양신청권이 인정될 수 있다는 견해도 있다. 이 부분도 향후 분쟁의 소지가 될 수 있다.

조합원 입주권은 재산권과 직결되는 가장 중요한 권리이기 때문에 '세대'의 개념이나 그 시점 및 각 예외 사유 등에 대해서는 도시정비법에 좀 더 명확하게 규정할 필요가 있다고 생각한다. 또한 불필요한 분쟁을 예비하기 위해 조합원 입주권에 대해 사전에 법률전문가의 상담이나 조력을 받는 것을 추천한다.

3. 다물권자 물건은 대법원 판결 모르고 사면 쪽박
_김정우

 지난 2023년 2월과 6월 우리 대법원은 정비사업의 시장을 뒤흔드는 두 개의 판결을 각각 선고하였다. 하나의 정비구역 내에서 여러 개의 부동산을 소유하고 있는 소위 '다물권자'에 관한 판결이었다. 도시정비법 제39조 제1항의 조합원 지위와 그에 따른 분양자격에 대한 다툼이 핵심 쟁점이었다. 대한민국에서 가장 똑똑한 분들이라고 할 수 있는 판사님들, 그중에서도 고등법원 판사님들 사이에서도 서로 견해가 엇갈렸다. 1심 법원 판사님과 2심 법원 판사님도 서로 다르게 판단하기도 했다. 나아가 재건축 재개발 전문 변호사들 사이에서도 갑론을박이 치열했다. 한마디로 혼란의 도가니였다.

 다행인 것은 2023년에 결국 우리 대법원이 다물권자의 부동산 거래 시 단독조합원 지위 인정 여부 그리고 그들의 입주권에 대하여 일차적으로 교통 정리하는 판결을 선고하였다는 점이다. 다만 그 판결로 인하여 재개발 재건축구역에서 다물권자의 부동산 거래는 속칭 '조합원 쪼개기'로 연결될 개연성이 매우 높게 되었다. 그러므로 쪽박 투자가 되지 않기 위해서는 이 대법원 판결을 정확히 인지하고 부동산 거래를 해야 한다. 조합임원이라면 이 대법원 판결을 반드시 숙지하고 조합원들에게 정확히 설명해야 한다.

도시정비법상의 다물권자 거래와 조합원 지위

먼저 도시정비법 제39조 제1항의 내용을 살펴보자. 도시정비법은 조합설립인가 후에 조합원 숫자가 늘어나는 것을 방지하기 위하여 조합원 쪼개기를 방지하는 규정을 두고 있다. 재건축조합의 조합원 지위와 관련하여 ①부동산 등을 여러 명이 공유하고 있는 경우, ②여러 명의 토지등소유자가 1세대인 경우, ③조합설립인가 후에 1명의 토지등소유자로부터 부동산 등을 양수하여 여러 명이 소유하게 된 경우 모두 1명의 조합원 지위만 인정한다.

매도인 측이 1인 다물권자인지, 1세대 다물권자인지 반드시 확인하자

위 규정의 해석과 관련하여 우리 대법원의 판결이 중요하다. 여러 명의 토지등소유자가 '1세대'인 경우 또는 '1인'이 여러 부동산을 소유하고 있는 경우, 조합설립 후 토지등소유자로부터 일부 부동산을 양수한 양수인에게 단독 조합원 지위 또는 단독 분양자격이 인정되는지 아닌지가 핵심 쟁점이었다. 대법원은 양도인과 양수인 합해서 1인의 조합원 지위 내지 1인의 분양자격만 인정된다는 취지로 판시하였다.

예를 들어 하나의 세대인 남편과 아내가 같은 정비구역 내에 각각 부동산을 소유하고 있다가 조합설립 후 아내가 소유한 부동산을 같은 세대가 아닌 제삼자에게 양도하였을 경우 남편과 제삼자 합해서 1인의 조합원 지위만 인정된다는 판결이다. 또한 여러 부동산을 소유하고 있던 '갑'이 조합설립인가 후에 그중 일부 부동산을 '을'에게 양도했을 경우, '갑'과 '을'에게 1인의 조합원 지위와 1인의 분양자격만 인정한다는 판결이다.

| **매매계약 시, 단독 분양자격 불인정에 관한 계약해제, 손해배상청구 약정도 명시할 필요**

위와 같이 공동 분양권의 위험성을 예방하기 위해서는 매도인이 다물권자인지 아닌지에 대해서 사전에 반드시 점검할 필요가 있고, 매도인과 공인중개사를 통해 적극적으로 확인해야 하며, 매매계약서에도 이에 관한 내용을 명시할 필요가 있다. 그리고 가능한

다물권자 부동산의 매수에 대해서는 명시적인 대법원 판결이 선고되거나 도시정비법이 개정되어 분양자격에 관한 내용이 명확히 규정되기 전까지는 위와 같은 다물권자 부동산의 매수는 되도록 피하는 것을 추천한다.

그런데도 만약 다물권자 부동산을 매수해야 한다면 매수인 입장에서는 매매계약서에 단독 분양자격이 인정되지 않을 경우 계약 해제 등 후속 조치에 관한 내용을 명시할 필요가 있다. 소위 '물딱지'와 같은 위험을 예방하기 위해서는 조합원의 지위와 분양자격에 대해서는 사전에 철저하게 확인하고 거래할 필요가 있다. 이 부분에 관해서는 재개발 재건축 전문 변호사의 상담한 이후에 계약을 진행하는 것을 추천한다.

4. 후발적 다물권자와 조합원 지위 _김정우

서울의 한 재개발구역에서 갑이 2006년 A 건물을 매수하였는데, 2008년 위 재개발구역에 조합설립인가가 났다. 그 후 갑은 2016년 을에게 같은 재개발구역 내에 있는 B 건물을 매수하였고, 2017년 A 건물을 병에게 매도하였다. 위와 같이 갑이 애초에 재개발구역 내에 하나의 부동산을 소유하고 있었다가 조합설립인가 후에 여러 개의 부동산을 소유한 이른바 '다물권자'가 되었는데, 그중 일부 부동산을 매도하여 여러 명이 소유하게 되었을 경우 양도인인 갑에게 단독조합원 지위가 인정될 수 있을까? 아니면 갑과 병에게 1인의 공동조합원 지위가 인정될까?

| **후발적 다물권자의 의의와 조합원 지위의 법적 쟁점**

도시정비법 제39조 제1항 제3호는 원칙적으로 조합원은 토지등소유자로 하되, 예외적으로 조합설립인가 후 1명의 토지등소유자로부터 토지 또는 건축물의 소유권이나 지상권을 양수하여 여러 명이 소유하게 된 때에는, 그 여러 명을 대표하는 1인을 조합원으로 본다고 규정하고 있다.

얼핏 보면 위 사안에서 갑이 조합설립인가 후에 부동산 여러 개를 소유하고 있다가 그중 A 건물을 병에게 매도하여 여러 명이 소유하게 되었기에 갑과 병을 대표하는 1인의 조합원 지위만 인정되어야 하는 것으로 보인다. 위 재개발조합도 갑과 병에게 1인의 조합원 지위만 인정된다는 전제로 관리처분계획을 수립하였다.

이에 대하여 갑은 도시정비법 제39조 제1항 제3호 규정에 관하여 '조합설립인가 후의 조합원 수 증가'를 방지하기 위한 목적 범위 내에서 제한적으로 해석해야 한다며 소송을 제기하였다. 갑은 위 소송에서 재개발조합에 대한 조합설립인가 당시에는 A 건물과 B 건물이 서로 다른 사람이 소유하고 있었기 때문에 각각 조합원 지위(2인)가 인정되었고, 그 이후 갑이 A 건물을 병에게 매도하였다고 하여 조합설립인가 당시와 비교하여 조합원 숫자에 변동이 없으므로 갑에게 단독조합원 지위가 인정되어야 한다고 주장하였다. 이에 대하여 법원은 어떻게 판단하였을까?

| **서울고등법원, 조합설립인가 기준으로 조합원 수 고정**

　서울고등법원은 갑의 손을 들어주었다. 법원은 "도시정비법 제39조 제1항 제3호의 '조합설립인가 후 1명의 토지등소유자로부터'는 '조합설립인가 후 조합설립인가 시점부터 1명이었던 토지등소유자로부터'로 제한적으로 해석하여, 조합설립인가 시점을 기준으로 조합원 수가 늘어나지 않은 경우에는 위 규정이 적용되지 않는다고 봄이 타당하다"라고 판시하면서, 조합설립인가 당시에는 A 건물만 소유하여 다주택자가 아니었던 갑이, 이후 다른 건물을 양수한 후 종전에 소유하던 위 A 건물을 양도함에 따라 조합설립인가일 기준 조합원 수(2명)의 증가를 초래하지 않은 이 사건 사안에 대해서는 위 규정이 적용되지 않으므로, 도시정비법 제39조 제1항 본문에 따라 갑에게는 단독조합원 지위가 인정된다는 취지로 판결하였다. 위 판결은 2023년 심리불속행 기각으로 확정되었다.

| **조합에 대한 실무적 시사점**

　이 사안에서 법원은 도시정비법 제39조 제1항 제3호 규정이 '조합설립인가' 시점을 기준으로 하여 조합원의 숫자를 고정하기 위한 취지에서 도입된 규정이라는 점 등을 강조하였다. 즉, 위 규정은 투기 세력 유입에 의한 도시정비사업의 사업성 저하를 방지하고 기존 조합원의 재산권을 보호하려는 것이며, 나아가 조합설립

인가 후 이른바 '지분쪼개기'를 통해 조합원 수가 늘어나는 것을 방지하기 위한 목적에서 도입된 것이다. 결국 갑과 병에게 단독조합원 지위를 인정한다고 하더라도 조합원 숫자가 증가하는 것이 아니고 사업성 저하 방지 또는 조합원의 재산권 보호라는 도시정비법 취지에 반하지 않는다.

한편 2023년 대법원은 조합설립인가 시점에 다주택자였던 1명의 토지등소유자로부터 물권양도가 이루어져 조합원 수 자체가 증가한 사안에서는 양도인과 양수인 합하여 1인의 조합원 지위가 인정된다고 판시한 바 있다. 위 대법원 판결과 본 사안이 서로 사실관계를 달리하는 것이므로 법리가 충돌하는 판결은 아니라고 해석된다. 조합의 집행부도 정비사업 진행 과정에서 억울한 피해 조합원이 발생하지 않도록 하기 위해서 위 판결의 취지를 정확히 인식하고 사업을 추진해야 할 것이다.

5. 투기과열지구 재건축구역에서 일부 지분 양수 시 현금청산되나 _김정우

　압구정동이나 용산 등 투기과열지구의 재건축구역에서 조합설립 후에 조합원이 소유하고 있는 부동산 중 일부 지분을 양도할 경우, 그 양수인의 현금청산 여부에 관한 문의가 잇따르고 있다.

　예를 들어 투기과열지구 내에 있는 A 재건축구역에서 조합설립 후 남편이 그 소유 아파트의 50% 지분을 아내에게 증여한다거나, 또는 하나의 아파트를 아버지와 아들이 각각 50%씩 소유하고 있다가 아버지가 아들에게 50% 지분을 증여해 아들이 해당 아파트 전부를 소유하게 된 경우와 같은 사례 등이 있었는데, 이처럼 50% 지분을 증여받은 아내 또는 아들이 현금청산 대상일까?

　도시정비법 제39조 제2항과 제3항에 따르면 투기과열지구의 재건축사업에서는 조합설립 인가 후 부동산을 양수한 자는 조합원이 될 수 없고, 해당 부동산에 대해서는 도시정비법 제73조에 따라 현금청산을 해야 한다.

그런데 위와 같이 투기과열지구 재건축구역에서 부동산 일부 지분을 양도할 경우, 그 양수인이 현금청산 대상이 되는지 안 되는지에 대해서는 법제처와 법원의 입장이 서로 엇갈리고 있다.

| **법제처, "일부 지분 양수 시 현금청산 대상 아니다"**

먼저 투기과열지구에서 재건축조합 설립인가 후 조합원에게 주택 지분의 일부를 양수한 경우, 양수인이 손실보상 대상(현금청산 대상)인지 아닌지에 대해 법제처는 해당 양수인이 조합원지위는 취득하지 못하나, 도시정비법 제39조 제3항의 손실보상 대상에 해당하지 않는다고 유권해석을 내렸다.

그러면서 법제처는 "해당 주택을 공유하는 양도인은 여러 명의 토지등소유자를 대표하는 조합원으로서 그 주택에 기반한 분양신청을 할 수 있고, 조합원이 아닌 토지등소유자인 양수인은 조합원인 양도인을 통해 분양신청 등 조합원의 권리를 행사하게 된다는 점에 비추어보면, 같은 조 제2항에 따라 조합원이 될 수 없다는 사정만으로 같은 조 제3항의 손실보상 규정의 전제가 되는 재산권 행사가 제한된다고 보는 것은 타당하지 않다"라고 밝혔다.

법제처 해석에 따르면 앞서 언급한 A 재건축구역에서 일부 지분을 양수한 아내는 조합원의 지위를 취득하지 못하나, 양도인인 남편을 통해 분양신청을 할 수 있고 현금청산 대상이 되지 않는다.

이에 따라 투기과열지구 정비사업 현장에서는 법제처 해석을 근거로 하여 현금청산되는 것을 막으면서도 증여세 등 절세를 위해 1%의 지분만 남기고 나머지 99%의 지분을 자녀들에게 양도하는 경우도 발생하고 있다.

한편 이러한 법제처 해석에 대하여 법률가들 사이에서도 의견이 나뉘어 있다. 법제처 해석은 도시정비법 규정과 정면으로 배치되기 때문에 부당하다는 견해가 있지만, 실무적으로 타당하다는 견해도 존재한다.

서울고등법원, "일부 지분 양수 시 현금청산 대상"

투기과열지구 재건축구역에서 50% 지분은 아버지가, 50% 지분은 아들이 소유하고 있다가 조합설립 후 아버지가 그 소유 지분을 모두 아들에게 증여해 아들이 100% 지분을 취득한 사안에서, 서울고등법원은 아들이 아버지에게 증여받은 50% 지분에 대해 조합원지위가 인정되지 않고 현금청산 대상이라고 판시했다.

즉, 부동산의 '일부 지분'만을 이전받았더라도 도시정비법 제39조 제2항이 규정한 조합원지위 승계가 제한되는 '양수'에 해당하며, 따라서 아들이 아버지에게 양수받은 50% 지분은 현금청산 대상이 된다는 것이다.

법제처 사안과 서울고등법원 사안이 완전히 일치하지는 않지만, 투기과열지구에서 '지분 일부 양수'라는 점에서 동일한 쟁점을 가지고 있으며, 이에 대해 상반된 판단을 내렸다고 볼 수 있다. 이에 대한 대법원 판결은 아직 없다.

얼마 전까지 서울 전역이 투기과열지구였고, 당시 지분을 이전했던 사람들도 있으므로 위 내용은 현재 투기과열지구인 강남, 서초, 송파, 용산에 한정된 이슈가 아니다. 일부 지분 양수와 관련한 위 쟁점은 도시정비법의 규정이 명백하지 않기 때문에 앞으로도 법적으로 분쟁이 생길 것으로 예상된다. 선의의 피해자가 발생하지 않도록 하나의 주택 지분 일부만 양수한 자가 현금청산 대상인지 아닌지에 대해 정책적인 검토가 필요하며, 가능하다면 도시정비법을 개정해 명확하게 규정할 필요가 있다.

6. '조합원 전원의 동의'가 필요한 재건축 상가조합원에 대한 아파트 분양 _김정우

재건축구역에서 상가를 소유한 조합원은 원칙적으로 상가를 분양받아야 하며, 예외적으로 일정한 요건을 충족하면 아파트를 공급받을 수 있다.

그런데 과거 국토교통부가 고시한 재건축 정비사업 표준정관에는 상가 조합원이 아파트를 분양받을 수 있는 요건과 관련하여 "새로운 부대·복리시설을 공급받지 아니하는 경우로서, 종전의 부대·복리시설의 가액이 분양 주택의 최소분양단위규모 추산액에 총회에서 정하는 비율(정하지 아니한 경우에는 1로 한다)을 곱한 가액 이상일 것"이라고 규정하고 있었다. 재건축조합들은 위 내용을 조합 정관에 규정하여, 상가 분양신청을 포기한 조합원에게 정관 비율을 조정하는 방법으로 아파트를 분양해 주기도 했다.

국토부 고시 표준정관 vs 도시정비법 시행령의 불일치

그러나 위 표준정관은 도시정비법 시행령과 그 내용이 다르다. 도시정비법 시행령 제63조 제2항은 "재건축사업의 경우 법 제74조에 따른 관리처분은 다음 각호의 방법에 따른다. 다만, 조합이 조합원 전원의 동의를 받아 그 기준을 따로 정하는 경우에는 그에 따른다"라고 규정하고 있다.

그리고 위 규정 제2호 가목에서는 상가 조합원이 예외적으로 아파트를 분양받을 수 있는 요건에 관해 "새로운 부대시설·복리시설을 건설하지 아니하는 경우로서, 기존 부대시설·복리시설의 가액이 분양 주택 중 최소분양단위규모의 추산액에 정관 등으로 정하는 비율(정관 등으로 정하지 아니하는 경우에는 1로 한다. 이하 나목에서 같다)을 곱한 가액보다 클 것"이라고 규정하고 있다.

여기서 도시정비법 시행령 규정과 다른 내용의 위와 같은 정관 규정이 유효하려면 조합원 전원의 동의를 받아야 하는 것인지 문제가 된다. 이는 위 시행령 규정과 다른 기준을 정하는 경우 '조합원 전원'의 동의가 필요하다고 명시하고 있기 때문이다.

이와 관련하여 과거 구 건설교통부는 위 시행령 규정의 "새로운 부대시설·복리시설을 건설하지 아니하는 경우"를 "새로운 부대·

복리시설을 공급받지 아니하는 경우"라고 유권해석한 바 있다.

| 엇갈리는 대법원의 입장, 변화하는 법원의 해석

2008년 5월에 선고된 서울고등법원 판결도 상가 분양신청을 포기하는 것에 대해 "새로운 부대시설·복리시설을 건설하지 아니하는 경우"를 유추 적용할 수 있다고 판시했다. 나아가 상가 분양신청을 포기하고 아파트를 분양받는 내용의 정관 변경에 관해서는, 조합 정관 변경에 필요한 의결정족수를 충족하면 족하고 조합원 전원의 동의를 얻을 필요는 없다는 취지로 판시했다. 그리고 2010년 대법원은 위와 같은 서울고등법원의 판단이 정당하다고 판시했다.

그런데 최근 서울의 한 재건축조합에서 관리처분계획의 기준을 위 시행령 규정과 달리 "새로운 상가를 공급받지 아니한 경우로서, 종전의 상가 가액이 분양 주택의 최소분양단위규모 추산액에 20%를 곱한 금액보다 큰 경우"에도 상가 조합원에게 1주택을 공급할 수 있다는 내용으로 변경한 것이 분쟁이 되어 소송이 제기됐다.

2024년 5월 서울고등법원은 도시정비법 시행령 제63조 제2항 제2호는 '강행규정'이며, 위 관리처분계획 기준은 시행령 규정과 달라서 '조합원 전원의 동의'가 없는 한 효력이 없다는 취지로 판시했다. 그리고 위 판결은 2024년 8월 대법원에서 심리불속행 기각으로 확정됐다.

또한 서울중앙지방법원은 정관으로 정하는 비율 또한 시행령의 1보다 낮은 비율로 변경할 경우 '조합원 전원의 동의'가 필요하다고 판시했다. 그러나 그동안 하급심 법원에서는 정관으로 정하는 비율과 관련하여 정관 변경을 위한 의결정족수만 충족하면 족하고, 조합원 전원의 동의까지 필요 없다는 취지의 판결들이 있었다. 이에 서울중앙지방법원 판결에 대해서는 법률가들 사이에서도 갑론을박이 매우 심한 상황이다. 상소심에서도 치열한 법리 다툼이 예상된다.

재건축조합의 과제와 법적 고려 사항

재건축 상가 소유자에 대한 아파트 분양 요건이 점점 더 엄격해지고 있는 형국이다. 위 서울고등법원 판결에 따르면 도시정비법 시행령 제63조 제2항 제2호와 다른 기준을 수립할 경우 '조합원 전원의 동의'가 없는 한 효력이 인정될 수 없으며, 최소분양단위규모 상가 추산액이 최소분양단위규모 아파트 추산액보다 크다는 등의 특별한 사정이 없으면 상가 조합원이 상가 분양신청을 포기하는 방법으로 아파트를 분양받기는 매우 어렵게 됐다.

각 재건축조합은 조합 정관을 작성하거나 관리처분계획을 수립할 때 위 판결의 취지를 충분히 고려해 사업을 추진해야 할 것이다.

5장
수억 원 절약하는 매도청구소송과 명도소송 비결

1. 재건축조합설립 미동의자에 대한 매도청구 _유재벌
2. 재건축 분양 미신청자에 대한 매도청구에서 알아둘 점 _이희창
3. 재개발 재건축 정비사업 '일괄명도' 소송의 중요성 _유재벌
4. 분양계약을 체결하지 아니한 경우 현금청산과 명도 문제 _유재벌

1. 재건축조합설립 미동의자에 대한 매도청구
_유재벌

재건축 정비사업에서의 매도청구소송은 사업시행자가 ①사업시행계획인가고시 이후 조합설립에 동의하지 않은 자를 상대로 하는 경우와 ②분양신청기간 내 분양신청을 하지 않거나 분양신청기간 종료 이전에 분양신청을 철회한 자, 분양신청을 할 수 없는 자, 관리처분계획에 따라 분양대상에서 제외된 자를 상대로 하는 경우로 나눈다. 실무상 '조합설립미동의자에 대한 1차 매도청구'와 '분양미신청자에 대한 2차 매도청구'라고도 한다.

'조합설립미동의자'에 대한 매도청구(1차 매도청구)는 사업시행자가 도시정비법에 규정된 절차와 기간을 준수하여 매도청구권을 행사하여야 하며 만약 이를 준수하지 못하면 매도청구권이 상실되는 불이익을 받게 된다.

이에 반하여 '분양미신청자'에 대한 매도청구(2차 매도청구)의 경우에는 도시정비법에 규정된 법정기간 내에 협의가 되지 않으면(실무상 협의가 되는 경우가 적다) 60일 이내 매도청구소송을 제기하여야 하고, 위 기간을 준수하지 못하고 매도청구소송을 제기하는 경우에는 매도청구권이 상실되는 것은 아니고 법정지연가산금의 지급 의무를 부담하게 될 뿐이다.

'조합설립미동의자'에 대한 매도청구에 관하여 구법 당시 대법원은 조합설립등기 이후 재건축사업의 진행 정도에 비추어 적절한 시점에 재건축 참가 여부에 대한 회답을 최고해야 한다고 해석한 바 있다.

그 이후 도시정비법은 재건축사업의 시행자는 사업시행계획인가의 고시가 있은 날부터 30일 이내에 조합설립에 동의하지 아니한 자에게 조합설립에 관한 동의 여부를 회답할 것을 서면으로 촉구해야 한다고 개정하였고, 이러한 개정법 제64조는 2018. 2. 9. 이후 최초로 조합설립인가를 신청하거나 사업시행자를 지정하는 경우부터 적용된다.

종래 구법에 따르면 토지등소유자는 구체적인 사업시행계획이 수립되기도 전에 조합설립 동의 여부에 대한 선택을 강요받고, 만약 조합설립에 동의하지 않을 경우에는 매도청구 시점을 조합설립 직후로 보아 사실상 개발이익이 배제된 내용의 매매계약이 의제되어 토지등소유자가 정당한 보상을 받지 못한다는 비판이 있었는데 이를 입법적으로 해결한 것이다.

회답 촉구를 받은 토지등소유자는 최고받은 날부터 2개월 이내에 회답하여야 하고, 위 기간 내에 회답하지 아니한 경우 그 토지등소유자는 조합설립에 동의하지 않은 것으로 간주한다.

재건축사업은 정비구역에 있는 건축물 및 그 부속 토지 소유자의 경우에 조합원이 될 수 있는 바, 건축물 또는 토지 중 어느 하나만 소유한 자는 조합원이 될 수 없으므로 건축물 또는 토지만 소유한 자에 대하여 최고가 필요한지 문제가 된다.

주택단지 내 토지 또는 건축물만의 소유자는 동의권이 인정되지 아니하므로 최고가 필요하지 않으나, 주택단지 아닌 지역이 정비구역에 포함된 경우의 토지 또는 건축물 소유자는 동의권이 인정되므로 최고가 필요하다.

즉, 주택단지가 아닌 지역의 건축물 또는 토지만 소유한 자의 경우에는 최고와 회답 절차를 거쳐야 하고 회답 기간 만료일부터 2개월 이내에 매도청구권을 행사하여야 하나, 최고할 필요가 없는 주택단지 내 건축물 또는 토지만 소유한 자에 대해서는 사업시행계

확인가 고시일로부터 2개월 이내에 매도청구권을 행사하면 된다.

만약 매도청구권의 행사 기간 내에 행사하지 않아 더 이상 매도청구권을 행사할 수 없다고 하더라도 매도청구권이 영구히 소멸하는 것은 아니다. 구법이 적용되던 사안에서 대법원은 사업시행자가 새로운 조합설립인가처분의 요건을 갖춘 조합설립변경인가를 받은 경우에는 그에 터 잡아 매도청구권을 행사할 수 있다고 판시한 바 있다. 따라서 개정법 하에서도 조합설립변경인가처분을 받아야만 다시 매도청구권 행사가 가능하다는 견해가 있으나 새로운 사업시행계획인가로 평가될 수 있는 사업시행계획변경인가를 받아 다시 매도청구를 최고하고 매도청구소송을 제기할 수 있다고 봄이 타당하다.

매도청구권 행사 시 사업시행자가 간과하기 쉬운 부분이 하나 있는데, 사업시행자는 매도청구권을 행사하면서 반드시 처분금지가처분을 신청하여 그 결정을 받아두어야 한다. 매도청구권행사 중에 해당 부동산의 소유권이 제삼자에게 이전되는 경우가 있는데 포괄승계(예컨대 상속)의 경우에는 큰 문제가 없으나 특정승계(예컨대 매매, 증여)에는 문제가 될 수 있기 때문이다.

처분금지가처분등기 이전에 특정승계가 이루어진 경우 대법원은 이미 진행 중인 매도청구소송에서 특정승계인이 매도청구소송을 인수하도록 하는 신청을 할 수 없다고 판시한 바 있다. 결국 사업시행자는 특정승계인을 상대로 다시 매도청구소송을 제기할 수밖에 없는데, 이 경우 특정승계인에 대한 매도청구권 행사 기간에 관하여 '사업시행자가 특정승계 사실을 안 날로부터 2개월'로 본 하급심 판결이 있다. 만일 양도인에 대한 최고를 기준으로 행사 기간을 산정할 때 사업시행자에게 예측할 수 없는 손해를 입힐 수 있다는 점에서 타당한 판결이라고 생각한다.

매도청구권의 행사 결과 이를 행사한 사업시행자와 상대방인 조합설립 미동의자 사이에는 매도청구 의사표시의 도달 시점에 매매계약이 성립된 것으로 의제되며, 법원이 지정한 감정인의 감정평가 및 법원 판결로 확정된다. 감정인의 감정 결과는 현저한 잘못이 없는 한 이를 존중하는 것이 대법원판례이고, 감정 결과를 번복하는 것은 실무상 어렵다. 실무상 조합은 매도청구소송이나 명도소송의 신속성만 강조한 나머지 감정 결과에 대해서는 제대로 대응하지 못하여 예상치 못한 거액의 보상금을 지급하여 조합원들에게 원망과 불신을 받는 경우도 종종 있으니 반드시 전문성과 경험을 갖춘 법무법인을 매도청구소송 대리인으로 선임하여 감정절차에 적극적으로 대응하는 것이 바람직하다.

2. 재건축 분양 미신청자에 대한 매도청구에서 알아둘 점_이희창

| 현행 도시정비법 제73조 소정의 매도청구권 행사로 매매계약이 성립되는 시기는 언제인지

 현행 도시정비법 제73조는 '분양신청을 하지 아니한 자, 분양신청기간 종료 이전에 분양신청을 철회한 자 등'에 대해 사업시행자가 관리처분계획이 인가·고시된 다음 날부터 90일 이내에 협의하고, 협의가 성립되지 아니하면 그 기간의 만료일 다음 날부터 60일 이내에 매도청구소송을 제기할 수 있도록 규정하고 있다.

 그런데 위 매도청구소송의 제기로 매매계약이 '언제' 성립되는지 그 시기에 관해서는 명문의 규정이 없다. 이는 매매대금의 산정시기와 관련한 것으로 구체적으로는 법원 감정평가의 감정기준일을 언제로 보아야 하는지에 관한 문제이다. 감정기준일로 평가된 금액은 판결선고에 의해 매매대금으로 귀결된다.

최근까지 많은 경우 대법원 판결을 원용하며 '분양신청기간의 종료일 다음 날'을 매매계약 체결일로 보았다. 그런데 최근 부산고등법원은 위 대법원 판결의 원용을 부정하였고, 그 구체적 판단 이유는 꽤 설득력이 있으므로 사업시행자의 입장에서는 이를 알아두고 대비할 필요가 있겠다. 나아가 위 고등법원 판결을 지지하고 법리적으로 보완하는 하급심 판결도 등장하고 있어 특별히 신경쓸 필요가 있다.

이들 판시 내용은 매매계약 체결일을 매도청구의 의사표시가 상대방에게 도달하였을 때, 대표적으로는 소장 부본 송달일을 기준으로 보았는데 주된 논거를 요약하자면 아래와 같다.

▲재건축조합이 분양미신청자를 상대로 매도청구에 기한 소유권이전등기청구를 할 수 있는 명시적인 근거가 없었던 구도시정비법 제47조는 청산금 지급 의무와 그 시기 자체를 명시하고 있었으나, 현행 도시정비법 제73조는 매도청구소송을 제기하여야 한다고 규정할 뿐 매매계약 성립일이 언제인지는 규정하지 않고 있다.

▲동 규정에서 정한 매도청구권은 형성권에 해당하고, 형성권은

재판상이든 재판 외이든 당사자 일방의 의사표시에 의한 행사가 있으면 그 법률효과가 발생함이 원칙이다.

▲분양신청기간 종료 후의 협의절차 및 그 불성립 과정을 거쳐 이루어진 매도청구권 행사의 법률효과가 '분양신청기간 종료일 다음 날'로 소급하여 생긴다고 볼 근거가 없다. 만약 그렇게 해석할 경우 토지등소유자와 협의를 거친 후 매도청구소송을 통해 최종적으로 매매가액을 결정하도록 한 도시정비법 제73조의 취지와 맞지 않는다.

▲현행 도시정비법 제64조는 사업시행자에게 조합설립 미동의자에 대한 매도청구 권원을 부여하고 있고, 이 경우 매도청구의 의사표시가 상대에게 도달한 때에 매매계약 성립의 효과를 부여하는 것과 달리 보아야 할 사정이 보이지 않는다.

▲도시정비법 제73조 제2항은 수용재결과 매도청구소송을 병렬적으로 규정하고 있고, 수용재결에서 보상액은 '수용재결 당시'의 가격을 기준으로 산정하므로, 매도청구권 행사에 따른 매매가액 역시 '매도청구 당시'로 봄이 자연스럽다.

▲현행 도시정비법 제73조는 분양신청을 하지 않은 자 등을 현금청산 대상자라고 정하고 있지 않고, 사업시행자에게 분양신청

을 하지 않은 자 등과의 협의 의무, 수용재결신청 또는 매도청구소송 제기 의무를 규정하고 있을 뿐인데, 이는 협의 불성립 후 수용재결에 따른 수용이나 매도청구권 행사에 따른 매매계약 성립이 있음을 전제로 한다.

다만 아직까지 대법원의 명시적인 판단은 없다. 그러나 위 논거들은 상당히 설득력이 있다. 따라서 대법원의 판단을 요하는 경우가 생긴다면 이를 지지할 수 있음도 배제할 수는 없을 것이다.

매매계약 체결일이 언제인지에 따라 매매대금은 달라질 수밖에 없을 것이다. 그렇다고 대법원 판결이 존재하지 않는 현재, 무턱대고 소장부본송달일을 기준으로 매매계약 체결일을 주장할 수만도 없을 것이다. 자칫 기각되는 일이 발생할 위험도 있기 때문이다.

그러므로 현재로서는 감정기준일을 ①분양신청 종료일 다음 날과 매도청구 소장부본송달일 이렇게 2개의 날짜로 특정하여 모두 감정기준일로 삼는 방법, ②감정기일지정 요청 후 감정기일 재판장의 지휘 아래 위 날짜 중 하나를 양 당사자의 다툼 없는 사실로 정리하는 방법, ③위 날짜 중 하나를 감정기준일로 삼고 감정 후 다툼이 있을 경우 보완감정신청을 통해 다른 날짜를 감정기준일로 하여 감정평가를 받는 방법 등 다양한 방법을 모색할 수 있겠지만, 소송비용의 절감 및 신속한 변론 종결을 위해서는 위 ②의 방법으로 진행하는 것이 바람직할 것으로 보인다.

3. 재개발 재건축 정비사업 '일괄명도' 소송의 중요성 _유재벌

　재개발 재건축 정비사업의 궁극적인 목적은 사업구역 내의 기존 노후 불량 건축물을 철거하고 새로운 건축물을 건설하는 것이다. 기존 노후 불량 건축물을 철거하기 위해서는 사업구역 내 거주자들의 이주 또는 명도가 선행되어야 한다. 정비사업의 수익성 여부는 거주자들의 조속한 이주 여부에 달려있다. 사업구역 내 단 1명이라도 미 이주자가 발생할 경우 착공 등 정비사업 전체가 지연되고 그에 따라 증가한 막대한 금융비용이 궁극적으로는 조합원들의 부담이 되기 때문이다.

　시장·군수 등이 관리처분계획인가를 고시하면 정비구역 내 거주자, 즉 조합원, 세입자, 분양신청을 하지 아니한 자(현금청산 대상자) 등 거주자 전원을 대상으로 명도소송 소장을 접수하되 사건번호 1

개당 10~20명을 피고로 하는 경우가 많다. 거주자 전원을 대상으로 소장을 접수하는 것을 실무상 '일괄명도', '통명도'라고 한다.

일부 조합에서는 조합원을 상대로 한 소장 접수에 거부감을 가지고 소송 대상자를 선별하여 진행하는 경우도 있는데, 이는 바람직하지 않다. 막상 이주단계에 들어서면 어느 누가 갑자기 보상금을 요구하면서 명도를 거부할지 모르기 때문에 조합집행부를 포함한 거주자 전원을 대상으로 집행권원(판결문)을 미리 확보해야 한다.

실제로 필자가 명도 업무를 진행하다 보면 조합집행부, 사업에 적극적이고 우호적인 조합원 중에서도 돌연 태도를 바꾸어 법령상 근거도 없는 보상금을 요구하면서 명도를 거부하는 경우가 많았다. 소송 대상자를 선별하여 진행하는 탓에 판결문을 확보하지 못하여 사업이 지연되면 이는 조합집행부에 반대하는 조합원 측에 확실한 빌미를 주게 될 수 있다.

법원 실무상으로 소장을 접수하더라도 변론기일이 바로 지정되지 않고 최소 6개월에서 1년이 소요된다는 점에서도 소송 대상자를 선별하여 소장을 접수하는 방식은 바람직하지 않다. 따라서 관리처분계획인가고시가 나면 일단 모든 거주자를 대상으로 소장을 접수하되, 이주를 완료한 자는 소를 취하고 손실보상대상자의 수용재결서, 공탁서 등은 변론기일 이전에 제출하는 방식이 더 유리하다. 종종 수용재결 전에 미리 소 제기한 것을 문제 삼는 거주자나 재판부도 있지만 변론종결일 이전에만 수용보상금 공탁, 주거이전비 등의 지급이 이루어지면 족하다.

또한 신속한 재판을 위해서 소송할 법무법인 역시 어느 정도 규모가 있어야 한다. 실제로 소송을 하다 보면, 담당 변호사 사정으로 기일을 변경하는 경우가 많은데, 변론기일은 통상 한 달 단위로 속행 또는 연기되고, 재판부의 사정까지 연계되면 단 한 번의 기일 변경으로 재판이 수개월 지연될 수도 있다는 점을 고려하면 명도소송에서의 기일 변경은 극히 자제해야 한다. 따라서 담당 변호사를 대체하거나 보조할 수 있는 변호사가 많고, 이러한 시스템을 갖춘 정비사업 경험이 많은 법무법인이 소송업무를 맡는 것이 절대적으로 유리하다.

4. 분양계약을 체결하지 아니한 경우 현금청산과 명도 문제_유재벌

 조합이 사업시행자가 되는 재개발 재건축 정비사업은 토지등소유자가 조합원이 되어 자신의 종전자산을 출자하고 공사비 등을 투입하여 구 주택을 철거한 후 신 주택을 건축한 다음, 신 주택 중 일부는 조합원에게 배분하고, 나머지는 일반분양을 하여 수입을 얻으며, 정비사업을 시행하여 얻은 총수입과 총비용을 정산하여 그 손익을 조합원의 종전자산 출자 비율대로 분배하기 위하여 조합과 조합원 사이에서 종전자산과 종후자산의 차액을 청산금으로 수수하여 정산하는 것을 그 내용으로 한다.

 조합원은 사업시행계획에 의한 철거 및 이주의무를 부담하며, 정비사업으로 인한 개발이익을 누리고 이해관계가 실질적으로 사업시행자와 유사하므로 토지보상법에 따른 손실보상 대상이 되지 아니한다.

　다만 조합원도 ①분양신청을 하지 아니하거나, ②분양신청기간 종료 이전에 분양신청을 철회하거나, ③권리처분계획에 따라 분양대상에서 제외된 자는 현금청산자가 된다. 분양신청기간이 종료된 이후에는 분양신청을 한 조합원은 임의로 분양신청을 철회할 수 없고, 조합원이 조합에게 분양신청을 철회하는 등으로 분양계약체결 의사가 없음을 명백히 표시하고 조합이 이에 동의한 경우에 한해서 현금청산자가 될 수 있을 뿐이다.

　대부분 조합에는 "조합원은 관리처분계획인가 후 조합에서 정한 기간 내에 분양계약을 체결하여야 하며 분양계약 체결을 하지 않은 경우 현금청산 규정을 준용한다"라는 정관규정이 있다. 이 경우에는 애초 분양신청을 한 자라도 분양계약의 체결을 거절하는 방법으로 현금청산자가 될 수 있고, 이 경우 조합의 청산금 지급 의무는 분양계약체결기간 종료일 다음 날 발생한다.

　조합이 사업 진행상 여러 가지 사정으로 조합원들에게 분양계약 체결 자체를 요구하지 아니한 경우에도 위 정관규정에 따라 관리처분계획인가 후 일정기간 내에 분양계약체결이 이루어지지 않았다고 하여 현금청산자가 되는 것은 아니다.

현금청산자가 되면 재개발의 경우 토지보상법에 따른 손실보상의 방법으로, 재건축의 경우에는 원칙적으로 토지보상법이 적용되지 않는바 매도청구소송이나 현금청산금지급소송의 방법으로 현금청산을 받게 된다. 이와 달리 조합원은 관리처분계획인가고시 그 자체로 종전자산을 출자하고 이주할 의무를 부담하게 된다.

문제는 명도가 완료되지 않은 상태에서 조합이 분양계약체결기간을 진행할 경우이다. 시공사는 투입한 자금을 회수하기 위하여 분양계약체결을 될 수 있는 대로 일찍 진행하기를 희망하는 경향이 있다. 그러나 명도가 완료되기도 전에 분양계약의 체결을 거절한 조합원이 발생할 경우 그 조합원은 분양계약체결기간 종료일 다음 날 현금청산자가 되며, 특히 재개발의 경우에는 토지보상법에 따른 손실보상이 완료되어야 종전자산을 인도받을 수 있으므로 소수의 분양계약미체결자로 인하여 사업이 지연될 수 있음을 유의해야 한다.

최초 분양계약체결기간으로 지정한 기간 내에 분양계약을 체결하지 아니한 이상, 조합이 분양계약체결기간을 연장하였다고 하더라도 최초 분양계약체결기간 내에 분양계약을 체결하지 않은 토지등소유자의 지위가 변동된다고 볼 수 없다.

이와 달리 분양계약체결에 관한 통지가 해당 조합원에게 송달되지 않은 경우에는 분양계약체결기간 도과의 효력이 발생하지 아니하므로 조합이 분양계약체결통지가 도달하지 않았음을 이유로 분양계약체결기간을 다시 정할 수 있고, 이 경우 해당 토지등소유자는 현금청산자가 아닌 조합원으로서 부동산 인도 의무를 이행하여야 한다.

필자가 자문을 담당하고 있던 재개발조합에서 명도가 완료되지 않은 상태에서 시공사의 요청으로 분양계약체결 절차를 미리 진행하였는데, 조합원이 분양계약미체결을 이유로 현금청산자가 되었다고 주장하면서 명도를 거부한 사건이 있었다. 그 조합원은 수용재결 절차를 거쳐 손실보상금이 지급되어야만 이주하겠다고 주장하였는데 수용재결 절차를 거칠 경우 1년 정도 소요될 것으로 예상되었다.

필자는 조합원 분양계약체결에 관한 통지를 여러 차례 등기우편으로 송달하였으나 조합원의 폐문부재로 반송되었고, 조합에서 달리 일반우편을 보내지 않은 점에 착안하여 분양계약체결기간이 아직 진행하지 않았는 바 약 6개월간의 분양계약체결기간을 정하여 통지하였고, 그 사이 해당 조합원은 조합원으로서의 종전자산 출자의무를 이행해야 한다는 점을 주장하여 명도단행가처분결정으로 인도를 받아 철거까지 진행하였다.

해당 조합원은 가처분 이의, 가처분 취소 등을 제기하며 자신의 소유였던 부동산의 반환을 요구하였으나, 일단 조합원으로서의 종전자산 출자의무를 이행하였으나 그 후 분양계약체결 기간에 분양계약체결을 거부하여 현금청산 사유가 발생한 경우에도 토지등소유자가 조합을 상대로 기존에 적법하게 출자하여 인도한 종전자산의 반환을 다시 구할 수 없다는 이유로 모두 기각되었다.

위 사건은 해당 조합원이 분양계약체결을 하지 않으면 현금청산자가 되어서 협의 또는 수용 절차를 거쳐야만 인도 의무가 있다는 것을 알았지만, 등기우편으로 송달받아야 분양계약체결기간이 진행된다는 사실을 간과한 특수한 사정이 반영된 것이므로 일반화하기는 어렵다. 따라서 반드시 분양계약체결은 인도와 철거가 모두 이루어진 이후에 진행해야 한다. 일단 조합원으로서의 종전자산 출자의무를 이행하였으나 그 후 분양계약체결 기간에 분양계약체결을 거부하여 현금청산 사유가 발생한 경우에는 토지등소유자가 조합을 상대로 기존에 적법하게 출자하여 인도한 종전자산의 반환을 다시 구할 수 없다는 것이 대법원의 판례이다. 이 경우 재개발조합은 현금청산 대상자에게 협의 또는 수용 절차를 거쳐 현금청산금을 지급할 의무를 부담할 뿐이다. 이때 재개발조합이 기존에 출자받은 종전자산을 재개발사업을 위하여 계속 점유하더라도 이를 권원 없는 점유라거나 불법점유라고 볼 수는 없다.

분양신청이나 관리처분계획수립·인가 단계와 달리 분양계약체결과 관련된 법률관계에 관해서는 소홀한 측면이 있다. 위와 같은 점을 숙지하되 도시정비분야에 경험과 지식이 정통한 법무법인의 자문을 구하는 것이 바람직하다.

6장
관리처분계획과 현금청산, 이것만은 반드시 점검하자

1. 신뢰보호원칙과 관리처분계획의 위법성_김정우
2. 재개발구역 종교시설 분쟁에 피눈물 나는 조합원_김정우
3. 재개발 재건축조합과 종교단체의 상생(相生)_이희창
4. 조합이 현금청산자에게 정비사업비를 부과할 수 있는 방법_김정우
5. 현금청산자의 정비사업비 부담 관련 필수 체크 포인트_정효이
6. 사업구역 내 미이주자에 대한 손해배상청구_정효이

1. 신뢰보호원칙과 관리처분계획의 위법성
_김정우

안양의 한 재개발조합이 일부 조합원들에게 아파트를 분양받는 것 외에도 상가도 분양받을 수 있는 내용으로 관리처분계획을 수립해 인가를 받았다. 이에 따라서 일부 조합원들은 아파트와 함께 상가를 분양받게 됐다.

그런데 몇 년 뒤 재개발조합은 기존 관리처분계획에 대한 변경 총회를 개최해 위 조합원들에 대하여 아파트만 분양하고 상가 분양은 탈락시키는 내용으로 관리처분변경인가를 받았다. 그러자 위 조합원들은 재개발조합이 신뢰보호원칙을 위반해 상가 분양권을 박탈했기 때문에 변경된 관리처분계획이 위법하다며 행정소송을 제기했다.

1심 법원과 2심 법원의 엇갈린 판결

과연 이처럼 변경된 관리처분계획이 조합원들의 신뢰이익을 침해해 위법하다고 볼 수 있을까? 최근 1심 수원지방법원과 2심 수원고등법원이 서로 엇갈리는 판결을 해, 그 판시 내용을 살펴보고자 한다. 행정처분의 신뢰보호원칙 위반 여부를 판단하기 위해서는 신뢰의 대상이 되는 공적인 견해 표명이 있었는지를 가장 먼저 검토해야 한다.

이와 관련해 수원지방법원은 관리처분계획의 변경 가능성 등을 이유로 하여 재개발조합이 위 조합원들에게 상가 공급에 관하여 공적인 견해를 표명한 것으로 볼 수 없고, 따라서 위 조합원들의 상가 공급에 관한 기대는 보호 가치 있는 신뢰가 아니기 때문에 변경된 관리처분계획은 적법하다고 판시했다.

그러나 도시정비법에 따라 재개발조합이 수립한 관리처분계획은 그것이 인가·고시를 통해 확정되면 이해관계인에 대한 구속적 행정계획으로서 독립적인 행정처분에 해당한다. 이러한 점을 고려할 때 재개발조합의 관리처분계획은 그 자체로 공적 견해의 표명이라고 보는 것이 타당하다.

수원고등법원도 위와 같은 이유로 위 조합원들에게 상가를 공급하는 내용의 기존 관리처분계획이 그 자체로 재개발조합의 공적 견해 표명이라고 보았다.

신뢰보호원칙과 수익적 행정처분의 철회 요건

한편 조합원들에게 아파트 이외에 상가까지도 분양하는 내용의 관리처분계획은 일종의 수익적 행정처분이라고 볼 수 있다. 이와 관련해 수원고등법원은 수익적 행정처분을 취소하거나 철회 또는 중지시키는 경우에는 이미 부여된 국민의 기득권을 침해하는 것이 되므로, 비록 취소 등의 사유가 있다고 하더라도 그 취소권 등의 행사는 기득권의 침해를 정당화할 만한 중대한 공익상의 필요 또는 제삼자 이익 보호의 필요가 있어야 한다고 보았다.

대법원판례와 실무상 조합의 주의 사항

나아가 우리 대법원은 조합 내부 규범을 변경하는 총회 결의가 신뢰보호의 원칙에 위반되는지를 판단하기 위해서는 종전 내부 규범의 내용을 변경해야 할 객관적 사정과 필요가 존재하는지, 그로써 조합이 달성하려는 이익은 어떠한 것인지, 내부 규범의 변경에 따라 조합원들이 침해받은 이익은 어느 정도의 보호 가치가 있으며 침해 정도는 어떠한지, 조합이 종전 내부 규범의 존속에 대한 조합원들의 신뢰 침해를 최소화하기 위해 어떤 노력을 기울였는지 등과 같은 여러 사정을 종합적으로 비교·형량해야 한다는 취지로 판시한 바 있다.

수원고등법원도 이 사건 관리처분계획의 위법성 판단의 기준과 관련해 신뢰보호원칙에 관한 위 대법원의 판시 내용을 그대로 원용하면서, "이 사건 처분으로 침해되는 원고들의 불이익을 정당화할 만한 중대한 공익상의 필요나 제삼자 이익 보호의 필요가 있다거나 그 필요가 원고들이 받는 불이익과 비교하여 그 불이익을 정당화할 만큼 강한 경우라고 할 수 없고, 피고가 원고들의 신뢰 침해를 최소화하기 위한 노력을 기울였다고 보이지도 아니하는 바, 수익적 행정행위 철회의 요건을 갖추지 못하였을 뿐 아니라 신뢰보호의 원칙에도 위반되어 위법하다"라고 판시했고, 결국 변경된 관리처분계획이 위법하다고 보았다.

최초 수립된 관리처분계획이 고정적인 것은 아니며 변경되는 경우가 많다. 위 대법원과 고등법원의 판시 내용을 참조해 신뢰보호원칙 위반이 되지 않도록 주의할 필요가 있다고 본다.

2. 재개발구역 종교시설 분쟁에 피눈물 나는 조합원_김정우

　재개발사업은 주거환경 개선과 도시발전의 중요한 축을 담당하지만 종교시설과의 갈등은 사업 진행을 심각하게 저해하는 주요 요인 중 하나로 꼽힌다. 서울의 J 구역 재개발조합과 A 목사의 S 교회 간의 분쟁은 이러한 갈등의 전형적인 사례로, 조합의 모든 소송 승소에도 불구하고 최종적으로는 교회의 요구에 굴복하는 결과로 마무리되었다. 이는 법적, 행정적, 제도적 허점이 낳은 비극이며 종교시설 관련 분쟁의 근본적인 원인과 해결책을 자세히 살펴볼 필요가 있다.

비극이 된 종교시설 분쟁, 'J 구역 S 교회 사건'

　J 구역 재개발조합이 S 교회를 상대로 제기한 명도소송에서 조

합은 모든 소송에서 승소했다. 그러나 법원의 판결에도 불구하고 강제집행이 신도들의 반발로 여섯 차례나 실패하며 재개발사업은 큰 난관에 봉착했다. 서울시 토지수용위원회가 산정한 보상금은 약 80억 원에 불과했는데 S 교회는 그보다 훨씬 높은 금액을 요구했다. 결국 500억 원의 보상금과 종교용지 무상 제공이라는 교회의 승리에 가까운 결과로 합의되었다.

법원의 판결을 통해 조합이 모든 소송에서 승리했음에도 강제집행 실패로 인해 조합은 교회의 요구를 대부분 수용해야 했다. 이는 법적 절차를 준수한 조합과 조합원들에게 막대한 경제적 손실을 초래했으며, 재개발사업의 진행은 지연될 수밖에 없었다.

참고로 합의가 되었음에도 교회 측이 추가 보상을 요구하며 퇴거하지 않자, 조합은 보상금을 지급하는 합의안을 철회하고 교회를 정비구역에서 제외하였다.

| 종교시설 분쟁의 근본적 원인, 도시정비법의 사각지대 그리고 법원의 엇갈리는 판결

종교시설 관련 갈등은 도시정비법 및 관련 법령에서 종교시설 처리에 관한 명확한 규정이 부재하기 때문에 발생한다. 아파트와 상가 분양계획은 비교적 구체적으로 규정되어 있지만, 종교시설

에 관한 규정은 없다. 도시정비법과 관련 법령, 시도 조례 어디에서도 '종교시설'이라는 단어 자체를 찾을 수가 없다. 그야말로 사각지대이다.

부산지방법원과 서울고등법원의 상반된 판결 역시 법적 일관성 부족의 예이다. 부산지방법원은 조합이 교회에 대하여 분양대상자임을 전제로 하여 분양대상자의 주소 및 성명, 분양대상자별 분양 예정인 대지 또는 건축물의 추산액 등을 관리처분계획에 포함해야 할 의무가 발생하는 것은 아니라는 취지로 판시한 바 있다. 반면 서울고등법원은 권리의 취득과 비용 분담이 명확히 기재되지 않으면 위법하다고 판시했다. 이러한 법원의 상이한 판단은 조합과 종교시설 모두에게 혼란을 초래하고 있다.

서울특별시는 종교시설 분쟁을 해결하기 위해 '뉴타운지구 등 종교시설 처리 방안'을 수립했다. 이 방안은 종교시설의 존치를 우선 검토하고, 이전이 불가피할 경우 존치에 준하는 계획을 수립하라는 내용을 담고 있다. 그러나 이 방안은 법적 구속력이 없는 행정지도에 불과하며, 법원 역시 이를 조합이 반드시 따라야 할 의무는 없다는 취지로 판시했다.

| 분쟁의 해결책, 법원, 정부, 국회의 역할

　본 교회 분쟁 사례는 단순히 조합과 종교시설 간의 문제로 볼 것이 아니라 사법부, 행정부, 입법부 모두의 책임을 돌아보는 계기로 삼아야 한다.

　가장 먼저 법원의 강제집행 실패는 조합의 승소 판결을 무용지물로 만들었다. 정비사업 내 분쟁의 최후 해결책이 되어야 할 법원이 강제집행에 실패하면서 무법지대를 초래한 점은 뼈아픈 반성이 필요하다.

　'꿀 먹은 벙어리'처럼 먼 산 보듯 뒷짐만 지고 있던 국토교통부도 비판받아 마땅하다. 도시정비법 제113조는 국토교통부 장관 등에게 정비사업의 원활한 시행을 위한 조정 권한을 부여하고 있다. 그러나 정부와 관할 인가청은 갈등 예방과 중재를 위한 적극적인 역할을 하지 못했다. 교회와 조합 간의 갈등이 여러 해 이어지는 동안 정부는 실질적인 조치를 하지 않았다는 점에서 비판을 피하기 어렵다.

　이제는 정말 국회가 적극적으로 나서야 한다. 도시정비법에는 종교시설 처리에 관한 규정이 전무하다. 법령 어디에도 종교시설 관련 내용이 없어 재개발사업의 중요한 이해관계자인 종교시설은 법의 사각지대에 방치되어 있다. 도시정비법 개정을 통해 종교시설의 분양계획, 관리처분계획수립, 이전 대책 등을 구체적으로 규정해야 한다. 이를 통해 조합과 종교시설 간 갈등을 예방하고 공정하고 일관된 기준을 마련해야 한다.

근본적인 해결책이 필요하다

이번 사건은 종교시설 관련 분쟁의 심각성을 보여주는 대표적 사례로 도시정비법의 한계를 명확히 드러냈다. 정부, 법원, 국회 모두의 반성과 협력이 없다면 유사한 갈등은 반복될 것이다. 지금이라도 도시정비법을 개정하여 종교시설 처리에 관한 명확한 규정을 마련하고 갈등을 예방할 수 있는 체계를 구축해야 한다. 이를 통해 재개발사업의 악순환을 방지하고 사회적 비용을 최소화하는 길로 나아가야 한다. 더 이상 종교시설 분쟁으로 인하여 피눈물 나는 조합원이 생기지 않도록 진지한 고민과 실천이 필요하다.

3. 재개발 재건축조합과 종교단체의 상생(相生)
_이희창

| **다툼의 양상, '공의(共議)는, 때로 다툼을 통해'**

    재개발 재건축조합과 종교단체 사이 다툼이 끊이지 않고 있다. 대개 종교단체는 처음부터 조합과 다투려 하지 않는다. 종교단체는 종교시설의 터가 강제로 옮겨지게 되는 상황에서도 '잘 알지 못해서', '조합이 알아서 대책을 마련해 주겠지', '목소리를 높이면 득이 되지 않을 수 있지' 하며 사업 초반에는 침묵과 긍정으로 조합의 사업을 지켜보고 안내에 따르는 경우가 많다. 하지만 이전 대책 마련을 포함하는 '종교용지 및 종교시설에 관한 내용'이 관리처분계획으로 수립되지 않은 것을 확인하게 될 때, 무언가 잘못되고 있다는 것을 직감하고야 만다. 사실 이때는 조합과 교회가 종교용지 및 종교시설에 관하여 함께 논의하기에는 많이 늦었다. '그러나

이제라도', 종교단체는 조합과 '대화로', '공문을 주고받으며', '구청에 호소하며', '법원에 권리를 주장하며' 등 다양한 양상으로 공의(共議)의 자리를 마련하여야 한다.

| **다툼의 원인, '내 권리는 몇 조 몇 항?'**

법률관계는 권리와 의무로 구성된다. 따라서 구체적인 권리와 의무는 법률관계를 규율하는 실정법으로부터 도출된다. 재개발 재건축사업 시행과 관련한 조합원과 청산자의 권리·의무는 대표적으로 도시정비법과 토지보상법에서 도출된다. 이에 따라 조합원과 청산자들은 도시정비법과 토지보상법을 주무기로 조합과 법률관계를 다툰다. 종교단체라고 하더라도 도시정비법상의 '토지등소유자'가 될 수 있다. 이 경우 도시정비법은 조합과 종교단체의 법률관계를 확인하는 중요한 실정법이기도 하다. 다만 도시정비법은 '종교시설은 존치해야 하는지', '이전 대책은 어떻게 마련하여야 하는지', '신축 시 건축비용은 누가 부담하여야 하는지' 등에 관하여 명시적으로 규율하고 있지 아니하므로, 과연 종교단체의 권리가 도시정비법 몇 조, 몇 항에서 도출하는가에 관해서는 계속해서 다툼이 일어나고 있다.

| **분양신청, '아파트 or 상가?'**

사업시행계획이 수립·인가된 후, 조합은 종교단체에 분양신청을 안내한다. 그러나 종교단체는 분양신청할 때 난감함에 봉착하게 된다. 왜냐하면 종교단체에 대한 분양신청은 일반조합원들에 대한 경우와 마찬가지로 '아파트로 신청할 것인지' 또는 '상가로 신청할 것인지'에 대해 안내되기 때문이다. 성전 등을 건축하여 종교활동을 하고 있던 종교단체에 대한 '아파트 또는 상가 분양신청 안내'는 소위 '뚱딴지같은 소리'로 들리기 마련이다. 따라서 '당연히 종교용지이겠지' 생각하며 안이하게 분양을 신청해서는 안 될 것이다. 분양신청단계에서부터 전문가에게 문의하고 조력을 받아야 한다. 무심코 아파트 또는 상가 신청란에 신청하는 순간 '아파트 또는 상가'의 분양권자가 될 수도 있으며, 신청 자체를 하지 않는다면 하루아침에 청산자의 지위가 될 수도 있기 때문이다.

| **관리처분계획, '헌 집 줄게, 새집 다오'**

관리처분계획은 쉽게 이야기해서 '헌 집 주고 새집 받는 계획'이다. 그렇기에 관리처분계획에는 새집을 어떻게 줄 것인지, 즉 새로운 종교시설에 대한 분양계획과 이전 대책에 관한 내용이 포함되어야 한다. 그렇기에 관리처분계획에 '종교용지는 분양되는 것인지', '성전 및 종교시설을 건축할 경우 비용은 누가 부담할 것인지' 등에 관한 내용이 전혀 수립되지 않았다면 분쟁의 불씨는 살아있다고 보아야 할 것이다.

협의 사항, '존치할 것인가, 이전할 것인가 이것이 문제로다'

먼저 사업구역 내 '존치'할 것인가, 사업구역 내 '이전'할 것인가를 정해야 한다. 만약 사업구역 내 '이전'하는 경우라면, 서울시에서 마련한 '종교시설 처리 방안'에 따라 '존치에 준하는 이전 대책'에 관하여 구체적으로 협의 사항을 정해야 할 것이다. 이 경우 종교용지에 관한 부분, 건축비용에 관한 부분이 협의의 핵심 내용이 될 것이다. 다만 법무법인 센트로가 최근 수행한 사건에서는 조합이 교회에 대하여 '1:1 무상 대토', '건축비 지원', '성전이 완공될 때까지 임시 예배 처소 마련', '종교시설 이전이나 사용에 필요한 비용'도 일정 부분 부담해주기로 하였다.

나아가야 할 방향, '기본적 동일성의 유지'

조합과 종교단체 그 누구도 다툼을 원하지는 않으나 현실은 그렇지 않다. 재개발 재건축사업의 시행으로 종교단체가 강제 이전되어야 한다면 종교단체는 소송을 불사할 것이고, 이에 따라 조합은 사업 지연의 손해를 볼 수 있게 될 것이다. 궁극적으로는 조합과 종교단체 사이, 지역사회의 기본적 동일성을 유지하며 처음부터 서로 이해와 양보, 공화와 협조를 도모하여 상생(相生)하는 길이 도시정비법의 근본 취지에 부합하는 것으로 생각한다.

4. 조합이 현금청산자에게 정비사업비를 부과할 수 있는 방법_김정우

| **정비사업비 부담 의무를 정관 등에 명시해야 한다**

재개발 재건축조합이 현금청산자가 된 사람들에 대하여 조합원의 지위를 상실하기 전까지 발생한 정비사업비 중 그 해당 부분을 부과하는 문제와 관련해 대법원은 원칙적으로 구도시정비법 제61조 제1항에 따른 부과금을 부과하거나 징수할 수 없다고 했다. 다만 현금청산자가 위와 같은 정비사업비를 부담할 수 있다는 내용을 조합 정관이나 조합원총회의 결의 또는 조합과 조합원 사이의 약정 등으로 미리 정한 경우 등에 한해 조합은 이를 청구할 수 있다고 판시했다. 위 대법원 판결 이후 조합은 조합 정관에 명시적으로 "현금청산금에서 조합원의 지위를 상실하기 전까지 발생한 정비사업비 등을 공제하고 청산할 수 있다"라는 내용을 삽입해왔다.

그러나 '정비사업비'의 개념이 너무 포괄적이고 막연하여 현금청산금에서 공제할 수 있는 부분이 어느 범위까지인지에 대한 명확한 기준이 없었고, 이에 대한 의견의 차이도 컸다. 정비사업비에는 공사비·설계비·감정평가비·정비업체 용역비·법무 용역비·철거비·총회개최비용·각종 인쇄비 등 매우 다양한데, 정비사업에서 중도 이탈하는 현금청산자에게 과연 이 비용을 부담하게 하는 것이 타당한지에 대해 의문을 제기하는 견해도 있었다. 그러다 보니 위와 같은 정관에도 불구하고 각종 현금청산소송에서 조합의 사업비 공제 항변이 기각되는 경우가 많았다.

| **정관 등에 현금청산 대상자가 부담하게 될 비용의 발생 근거, 분담 기준과 내역, 범위 등을 구체적으로 규정해야**

이와 관련해 지난 2021년 4월 대법원은 "현금청산 대상자에게 정관으로 조합원 지위를 상실하기 전까지 발생한 정비사업비 중 일부를 부담하도록 하기 위해서는 정관 또는 정관에서 지정하는 방식으로 현금청산 대상자가 부담하게 될 비용의 발생 근거, 분담 기준과 내역, 범위 등을 구체적으로 규정해야 한다. 이와 달리 단순히 현금청산 대상자가 받을 현금청산금에서 사업비용 등을 공제하고 청산할 수 있다는 추상적인 정관의 조항만으로는, 현금청산금에서 사업비용을 공제하는 방식으로 사업비용을 부담하도록 할 수 없다"라고 판시했다.

위 판결의 취지는 조합에서 탈퇴하고자 하는 조합원에게 비용 부담에 관하여 필요하고도 충분한 정보를 제공하여 합리적으로 탈퇴 여부를 결정할 수 있도록 구체적 정보를 정관 등으로 규정할 필요가 있고, 만약 추상적으로 사업비용을 부담한다는 내용의 정관 조항만을 근거로 현금청산 대상자가 예상하지 못한 내용과 규모의 정비사업비를 부담하도록 할 경우, 잔존 조합원과 탈퇴 조합원 사이의 형평에 반하게 된다는 것이다.

또한 대법원은 현금청산 대상자가 부담하는 것이 타당한 범위 내의 합리적 비용만을 한정하여 규정할 필요가 있다고 강조하면서, 예를 들어 현금청산자가 전혀 누리지 못하는 ▲분양수익에만 기여하는 비용, ▲잔존 조합원들의 이익으로만 귀속되는 비용, ▲전적으로 새롭게 건축되는 건물의 형성에만 기여하는 비용 등은 특별한 사정이 없으면 제외되어야 한다고 보았다.

정관 등에 포함될 정비사업비 항목과 구체적인 기준 마련이 필요하다

위 대법원 판결은 정비사업비 부과와 관련하여 정관 등에 포함되어야 할 좀 더 구체적인 요건을 제시했다는 점에서 의미가 있다. 다만 위 대법원 판결의 판시에 의하더라도 현금청산자에게 분담시킬 수 있는 정비사업비의 범위를 어디까지 정할 수 있는지는 명확하지 않다.

 결국 이 부분은 아직 숙제로 남아있다. 따라서 앞으로 위 정비사업비 항목과 구체적인 기준에 대한 다각적인 판결이나 유권해석이 나와야 해결될 수 있다고 본다. 국토교통부가 대법원판례의 취지를 반영하여 이에 대한 구체적인 기준이 포함된 표준정관을 마련해 고시하거나 가이드라인을 제시하는 것도 필요해 보인다.

5. 현금청산자의 정비사업비 부담 관련 필수 체크 포인트_정효이

　분양신청기간 내 분양신청을 하지 않거나 혹은 분양계약체결 기간에 분양계약을 체결하지 않아 조합원이 그 지위를 상실하여 현금청산자가 될 경우, 현금청산자가 정비사업비를 부담하도록 하는 정관규정을 두는 경우가 있다. 조합원들이 현금청산자로 조합 사업에서 이탈하는 것을 막기 위해 청산기준일까지 발생한 정비사업비 등의 일부를 부담하도록 하는 것이다. 실제로 조합은 위 규정을 기초로 청산금의 지급을 구하는 소를 제기한 현금청산자에게 청산금에서 일부 정비사업비의 공제를 주장하거나 별도로 사업비의 반환을 구하기도 한다. 그러나 판례는 이러한 정비사업비 부담에 관한 정관규정의 효력에 대해 일정한 요건을 충족한 경우에만 인정하고 있다. 그 요건은 무엇일까?

현금청산자가 정비사업비를 부담하도록 하는 정관규정의 효력

　정비사업비에 대하여 도시정비법은 원칙적으로 사업시행자인 조합이 부담하되, 정비사업이 완료되어 청산의 단계에서 조합원이 종전에 소유하고 있던 토지 또는 건축물의 가격과 새롭게 분양받은 대지 또는 건축물 가격의 차액인 청산금을 부과하는 형태로 조합원에게 정비사업비를 분담시킬 수 있고, 이와 별개의 절차로 정비사업의 시행 과정에서 발생한 수입을 초과하는 비용이 있는 경우에 한하여 조합원에게 부과금을 부과·징수할 수 있다고 규정하고 있다. 특히 조합원을 상대로 부과금의 방식으로 사업비용을 부담하도록 하는 경우에는 부과금의 액수와 징수 방법, 정비사업비의 조합원별 분담 내역 등에 대하여 조합원총회의 결의를 거치도록 함으로써 조합원의 이익을 보호하기 위한 절차와 형식을 갖추도록 정하고 있다.

　대법원은 이와 같은 전제에서 조합원이 도시정비법이나 정관이 정한 요건을 충족하여 현금청산 대상자가 된 경우에는 조합원 지위를 상실하므로, 사업시행자인 조합은 현금청산 대상자에게 도시정비법에 따른 부과금을 부과·징수할 수 없으나 도시정비법에 따른 재개발조합과 그 조합원 사이의 법률관계는 그 근거 법령이나 정관의 규정, 조합원총회의 결의 또는 조합과 조합원 사이의 약정에 따라 규율됨을 고려하여 현금청산 대상자가 조합원의 지위를 상실하기 전까지 발생한 조합의 정비사업비 중 일정 부분을 분담하여야 한다는 취지를 조합 정관이나 조합원총회의 결의 또는 조합과 조합원 사이의 약정 등으로 미리 정한 경우 등에 한하여 조합은 도시정비법에 규정된 청산절차 등에서 이를 청산하거나 별도로 그 반환을 구할 수 있다고 판시한다. 즉, 조합은 현금청산자 등에 대해 정비사업비를 분담시키기 위해서는 사전에 정관이나 결의, 또는 약정 등으로 정비사업비를 분담할 수 있도록 정해야 하는 것이다.

현금청산자에게 정비사업비를 분담시키도록 하는 정관규정의 구체성 정도

그러나 단순히 위 규정만을 둔다고 하여 현금청산자에게 정비사업비를 부담하게 할 수 있는 것은 아니다. 대법원은 정관 또는 정관에서 지정하는 방식으로 현금청산 대상자가 부담하게 될 비용의 발생 근거, 분담 기준과 내역, 범위 등을 구체적으로 규정하여야 하고 단순히 현금청산 대상자가 받을 현금청산금에서 사업비용 등을 공제하고 청산할 수 있다는 추상적인 규정만으로는 현금청산금에서 사업비용을 공제하는 방식으로 사업비용을 부담하도록 할 수 없다고 보았다. 덧붙여 그 비용 항목과 금액은 탈퇴 시점에서 현금청산 대상자가 부담하는 것이 타당한 범위 내의 합리적 비용만을 한정하여 규정할 필요가 있다고 판시하였다.

특히 위 판례 중 주택재건축사업의 경우 중간 단계에서 조합 관계에서 탈퇴하는 경우 그 현금청산자는 분양 수익을 누리지 못함을 고려한 판례로서 잔존 조합원들의 이익으로만 귀속되는 비용이나 전적으로 새롭게 건축되는 건물의 형성에만 기여하는 비용 등이 합리적인 범위 내의 비용으로 보기 어렵다고 하여 정비사업비 부담을 분담할 수 없다고 보았다.

그렇다면 어느 정도 구체적으로 규정해야 현금청산자에게 정비사업비를 분담하도록 할 수 있을까? 위 각 대법원판례는 "조합원의 지위를 상실할 때까지 발생한 정비사업비에 대해 종전자산의 출자 비율을 곱한 금액을 정비사업비 부담금으로써 공제한다"라고 규정하거나 "조합은 현금청산 대상자가 받을 현금청산금에서 청산 기준일까지 발생한 사업비용, 이자 및 연체이자 등 금융비용, 현금청산에 소요된 경비 및 소유권이전에 따른 취득세 및 등록면허세 등 제세공과금의 비용을 공제하고 청산할 수 있다"라고 규정한 경우 그 내용이 추상적이어서 현금청산자가 구체적인 부담 항목과 분담 내역을 예상할 수 없으므로 정비사업비 공제를 할 수 없다고 판단하였다.

한편 광주고등법원 2021. 9. 30. 선고 2019나13341 판결은 조합이 정관으로 "조합은 조합원이 조합원 지위 상실사유가 발생하는 경우 조합원 지위상실 시점까지 집행된 정비사업비를 종전자산 금액 비율로 부과시킬 수 있다"라고 규정한 사안에서 조합설립 당시 조합원들이 철거비, 신축비, 그 밖의 사업비용 합계 약 1,490억 원을 조합 정관이 정하는 바에 따라 산정하여 그 비율에 따라 비용을 부담하기로 하는 내용의 주택재건축정비사업조합 설립 동의서에 서명, 날인한 경우 정비사업비가 최종적으로 개별 조합원들의 부담으로 돌아가게 됨을 인식하였을 것이므로 현금청산 대상자가 된 조합원에게 부담시킬 수 있다고 판시하였다.

이렇듯 판례는 원칙적으로 현금청산자에게 그 지위를 상실한 시점까지의 정비사업비를 부담시키려면 미리 조합 정관에서 합리적으로 예상할 수 있을 정도로 그 분담 내역을 구체화하여 규정하거나 총회 결의 또는 약정을 체결할 것을 요하기에 사업시행자인 조합은 이러한 판례의 태도를 유의해 구체적으로 정관규정 등을 마련해 두어야 할 것이다.

6. 사업구역 내 미이주자에 대한 손해배상청구

_정효이

　재개발사업에서 조합이 수용재결을 받아 수용보상금을 공탁하거나 재건축사업 구역에서 관리처분계획인가가 고시된 이후 이주기간으로 공고한 기간이 경과하였음에도 일부 거주자들이 부동산을 인도하지 않는 경우가 있다. 이러한 경우 조합으로서는 사업비 대출의 규모가 매우 크기에 매달 수억 원대의 이자가 발생하여 이러한 미이주자로 인해 큰 손해를 입게 되기에, 조합은 고의로 이주하지 않는 자들에 대하여 손해배상을 청구하는 것을 고민할 수 있다. 통상 조합은 인도 미이행으로 착공이 지연되었다는 이유를 들어 조합이 착공 예정일을 기준으로 대출받은 사업비의 금융 이자를 손해배상으로 청구하며, 이때 조합의 사업비 대출 규모는 매우 크기에 수억 원대의 금액을 미이주자 수로 나눈 금액을 청구할 수 있다.

그렇다면 그 구체적인 근거와 판례상 손해배상 인용 금액은 어떠할까?

| **도시정비법에 따른 토지 또는 건축물에 대한 인도 의무 발생**

도시정비법 제81조 제1항에 따르면 재개발사업 등 정비사업의 사업구역 내 종전의 토지 또는 건축물의 소유자, 지상권자, 전세권자, 임차권자 등 권리자는 관리처분계획인가의 고시가 있을 때는 이전고시가 있는 날까지 종전의 토지 또는 건축물을 사용하거나 수익할 수 없다고 규정하고 있고 같은 법 제1항 제2호는 사업시행자가 종전토지 또는 건축물을 인도받기 위해서는 토지보상법에 따라 손실보상을 완료하여야 한다고 규정하고 있다. 대법원은 수용재결에서 정한 손실보상금을 수용개시일까지 모두 공탁하였다면 토지보상법에 따라 손실보상은 완료되었다고 판시하므로, 재개발사업의 경우 조합이 손실보상금을 공탁하면 인도 의무가 발생하고, 재건축사업의 경우 위 조항에 따라 관리처분계획인가가 이루어진 경우(혹은 조합이 그 이후 별도 이주기간을 공고한 경우) 그 이후 인도하지 않을 시 불법적으로 점유하였음을 이유로 손해배상청구를 할 수 있다.

특히 대법원은 인도 의무를 지체한 자들이 조합의 조합설립인가처분 등의 효력을 다투는 행정소송을 제기하면서 이를 이유로 부동산의 인도를 거부한 것에 대하여 잘못된 법률적 판단으로 부동산 인도 의무가 없다고 믿고 의무의 이행을 거부한 것이라고 하더라도 인도 의무가 없다고 믿은 데 정당한 사유가 없으므로 인도 의무 불이행에 관하여 고의나 과실이 인정된다고 판시한 바 있다. 또한 주택재건축정비사업에서 조합 사업에 반대하는 조합원들이 사업시행계획인가와 관리처분계획인가의 무효 확인 등을 구하면서 인도 의무를 지체한 사건에서 조합원들에게 손해배상책임을 인정하기도 하였다.

| 사업비 대출이자와 인도 의무 불이행의
  인과관계 인정 여부 및 금액 인정 사례

그렇다면 조합의 수억 원에 달하는 청구 금액 모두가 인용될 수 있을까? 조합이 사업 진행을 위해 빌린 사업자금의 대출이자와 인도 의무 불이행은 과연 관련이 있는 것일까?

최근 서울고등법원은 토지 인도가 늦어지면 철거가 지연되고 이에 따라 착공도 지연되므로 정비사업의 전체적인 지연이 초래된다는 점을 고려해 토지 인도 의무 불이행과 사업비 금융비용 상당의 손해 발생 사이에 상당한 인과관계가 있다고 판단하였다. 그러면서 금융비용 상당의 손해는 토지 불법점유에 따른 통상 손해인 차임 상당액을 넘어서는 특별 손해에 해당하므로 배상책임이 인정된다고 판시하였다. 다만 정비구역 내 토지를 점유하고 있는 다른 주체가 있었다는 점, 조합이 명시적으로 금융비용의 구체적 현황과 액수에 대해 알려주지 않았다는 점을 고려해 그 손해액을 20% 정도로 감경해 약 1억 원의 금액만 인정하였다.

의정부지방법원 고양지원 또한 재개발조합이 수용재결이 정한 손실보상금을 모두 공탁하였음에도 부동산을 인도하지 않는 자에 대하여 점유하고 있는 부동산이 사업 부지 초입에 있고 그 위치상 인접 부분의 확장이 불가하여 공사 차량 및 통행에 어려움이 있는 점, 신축공사의 시공사로서는 이로 인한 안전사고의 위험으로 공사를 시작하지 못하고 있으며 위 자 이외에 미이주자가 존재하지 않는 점을 고려하여 약 월 1억 원의 손해가 발생함을 인정하였다.

반면 인천지방법원은 인도를 지연한 기간, 인도를 지연한 부분의 면적이나 비중이 매우 극소하다는 점 그리고 다른 미이주자들이 존재하였고 공사 지연은 미이주뿐 아니라 다른 사정이 존재한다는 점으로 조합의 전체 사업 지연에 미친 영향이 작다는 점 등을 고려해 그 책임을 전체 손해배상금액에서 0.5%에서 3%로 제한하는 판단을 하기도 하였다.

따라서 인도 불이행자에 대해 손해배상청구를 하는 경우 그 입증 여하에 따라 인용 금액이 극단적으로 차이가 날 수 있으므로 현재 사업비의 대출이자가 매월 얼마나 발생하는지, 정비사업구역 내 다른 이주하지 않은 주체가 있는지, 점유 위치가 공사 차량의 진입로 등으로 착공이 어려운 것인지 및 인도를 지연한 면적 등이 전체 정비사업구역 내 어느 정도 되는지 등을 상세히 입증하여 조합의 사업이 미이주자로 인해 심각히 지연되고 있음을 다투는 것이 중요할 것이다.

7장
재개발 수용재결실무
비법 공개

1. 조합이 관리처분계획인가고시를 기다리지 않고 협의기간 만료 후
   바로 토지수용절차를 진행할 수 있나_주영
2. 보상금증액소송에서 감정평가 결과 보상금이 증액되어도 청구가 기각되는 경우_주영
3. 수용재결이 있었음에도 이주하지 않으면 형사처벌_주영
4. 현금청산금에서 이주비 대출금 및 그 이자는 반환 또는 공제대상_주영
5. 20일 범위 안에서 분양신청기간을 연장할 경우_주영
6. 현금청산금액이 협의금액보다 더 낮게 나올 수 있나_주영

1. 조합이 관리처분계획인가고시를 기다리지 않고 협의 기간 만료 후 바로 토지수용절차를 진행할 수 있나 _주영

도시 및 주거환경정비법

[시행 2024. 7. 31.] [법률 제20174호, 2024. 1. 30., 일부개정]

제73조(분양신청을 하지 아니한 자 등에 대한 조치) ① 사업시행자는 **관리처분계획이 인가·고시된 다음 날부터 90일 이내**에 다음 각 호에서 정하는 자와 토지, 건축물 또는 그 밖의 권리의 손실보상에 관한 협의를 하여야 한다. 다만, **사업시행자는 분양신청기간 종료일의 다음 날부터 협의를 시작할 수 있다.** 〈개정 2017. 10. 24.〉

1. 분양신청을 하지 아니한 자
2. 분양신청기간 종료 이전에 분양신청을 철회한 자
3. 제72조제6항 본문에 따라 분양신청을 할 수 없는 자
4. 제74조에 따라 인가된 관리처분계획에 따라 분양대상에서 제외된 자

② 사업시행자는 제1항에 따른 **협의가 성립되지 아니하면** 그 기간의 만료일

> 다음 날부터 60일 이내에 수용재결을 신청하거나 매도청구소송을 제기하여야 한다.
> ③ 사업시행자는 제2항에 따른 기간을 넘겨서 수용재결을 신청하거나 매도청구소송을 제기한 경우에는 해당 토지등소유자에게 지연일수(遲延日數)에 따른 이자를 지급하여야 한다. 이 경우 이자는 100분의 15 이하의 범위에서 대통령령으로 정하는 이율을 적용하여 산정한다.

도시정비법 제73조 제1항에서는 분양신청을 하지 않는 등의 사유로 현금청산자가 된 자들에게 관리처분계획이 인가·고시된 다음 날부터 90일 이내에 협의하도록 규정하고 있다. 다만 단서 규정에 따라 조합은 관리처분을 기다리지 않고 분양신청기간이 종료하면 즉시 협의를 시작할 수도 있다.

그렇다면 관리처분계획이 인가·고시되기 전에 협의를 시작하여 조합이 임의로 정한 기간 내에 협의가 종료된 경우, 조합은 도시정비법 제73조 제1항 본문에 명시된 관리처분계획인가고시를 기다리지 않고 바로 수용재결 또는 매도청구를 신청할 수 있을까?

이와 관련하여 하급심 판결을 살펴보자.

서울행정법원, 서울고등법원

도시정비법 제73조는 '제1항에 따른 협의가 성립되지 아니하면 협의 기간 만료일 다음 날부터 60일 이내에 수용재결을 신청하여야 한다'라고 규정하여 '협의 불성립'만을 재결신청의 요건으로 들고 있을 뿐, 관리처분계획 인가·고시 자체를 재결신청의 요건으로 들고 있지 않다. 또한 협의기간의 만료일을 기준으로 수용재결신청의 기간을 정하고, 이를 넘겨 재결신청을 하는 경우 지연이자 지급의무를 부과하고 있을 뿐 관리처분계획 인가·고시일을 기준으로 재결신청권의 효력 발생을 유보하거나 실효시키는 내용을 규정하고 있지도 않다.

도시정비법 제73조 제1항은 본문에서 "관리처분계획이 인가·고시된 다음 날부터 90일 이내에 협의를 하여야 한다"라고 규정하면서도, 단서에서 '사업시행자는 분양신청기간 종료일의 다음 날부터 협의를 시작할 수 있다'라고 규정하여, **관리처분계획 인가·고시 전이라도 분양신청기간만 종료하면 분양미신청자에 대한 협의를 개시할 수 있음을 명백히 하고 있다.** 그럼에도 **제73조 제1항 본문에 따라 협의 기간의 종기를 관리처분계획 인가·고시 후로 잡아야 한다고 새긴다면,** 협의 개시 당시의 예측과 달리 관리처분계획 인가·고시가 지연되어 결과적으로 당초 정한 협의 기간이 위 인가·고시 전에 만료되어 버리는 경우, 그에 따른 협의절차는 사후적으로 모두 위법해지게 된다. 이는 협의 개시 당시에는 확정되지 않은 장래의 사정(관리처분계획이 협의기간 내에 인가·고시될 것인지)에 따라 협의절차 및 후속 수용재결 신청의 효력을 좌우하는 것으로 법적 안정성에 크게 반한다. 또한 이미 **협의가 모두 성립 또는 불성립되어 더 이상 협의절차를 진행할 실익이 없음에도 관리처분계획이 인가·고시될 때까지 계속해서 협의 기간을 연장하도록 강제하는 것도 불합리하다.**

도시정비법 제73조 제1항과 구도시정비법 제47조 제1항의 주된 입법 취지는 모두 현금청산 또는 손실보상 협의절차가 일정 기한 내에 이행될 수 있도록 강제하는 것이지, 그 절차를 일정 시점 이전에는 진행하지 못하도록 제한하는 것이 아니다. 즉, 구 도시 및 주거환경정비법(2012. 2. 1. 법률 제11293호로 개정되기 전의 것) 제47조에 제1호에 따르면, 분양신청을 하지 않은 자에 대한 현금청산기간은 분양신청기간 종료일 다음 날부터 150일이었고, 한 차례 개정을 거친 구 도시 및 주거환경정비법(2013. 12. 24. 법률 제12116호로 개정되기 전의 것) 제47조는 제1항에서 종전과 같은 현금청산 기간을 규정하면서 위 기간 내 현금청산 의무를 이행하지 않을 경우 이자 지급 의무를 부과하는 제2항을 신설하여 그 이행을 강제하였다. 그 다음 개정된 구도시정비법 제47조는 현금청산기간을 **관리처분계획 인가일 다음 날부터 90일로 일원화**함으로써 분양미신청자에 대한 현금청산 기간이 대폭 늦추어지기는 하였으나, 이는 **관리처분계획 인가 이전에는 분양 수입이 없어 현금청산 대금 등을 자체 조달하기 어려운 주택재개발정비사업조합 등의 특수성과 부동산 경기 침체 등으로 인한 사업성 악화로 현금청산이 증가하고 있던 당시 상황 등을 고려**하여 사업시행자의 재원 마련에 편의를 제공하기 위한 개정으로(헌법재판소 2020. 9. 24. 선고 2018헌바239 결정 참조), **사업시행자가 관리처분계획 인가·고시 전에 재원을 마련하여 현금청산의무를 이행하는 것을 제한하려는 취지가 아니었다.** 도시정비법 제73조 역시 구도시정비법 제47조를 변경 계승한 규정으로서, **제1항 본문에서 구도시정비법 제47조 제1항의 현금청산기간과 동일한 내용으로 협의 기간을 정하고 있는 점, 제1항 단서에서 사업시행자가 원할 경우 협의 개시 시점을 앞당길 수 있다고 규정하고 있는 점 등을 종합하면, 관리처분계획 인가·고시 전에 협의절차가 종료되는 것을 제한하려는 취지가 아니다.**

위 서울행정법원 판결은 고등법원까지 진행되었으나 항소심에서는 협의 기간과 관련해서 별도로 다루어지지 않고 원심판결을 그대로 원용한 뒤 그 외 쟁점을 추가 판단하였다. 하급심 법원의 판단은 조합의 분양신청기간이 종료되면 즉시 협의절차를 진행할 수 있고, 그 협의의 방법과 절차 기간을 재량으로 정할 수 있다는 점과 그렇게 정한 협의 기간이 종료되면 관리처분계획인가고시를 기다리지 않고 바로 현금청산 절차 즉 수용재결 절차에 나아갈 수 있다고 판단하고 있다.

이와 관련한 법제처 해석을 살펴보자.

[법제처 21-0106, 2021. 5. 21., 민원인]

도시정비법 제73조제2항에 따른 "그 기간의 만료일"은 해당 규정의 문언상 '제1항에 따른 협의기간의 만료일'을 의미하는 것은 분명하나, 사업시행자가 같은 조 제1항 단서에 따라 협의를 시작하여 별도로 협의기간 만료일을 정한 경우 같은 항 본문에서 정한 협의기간의 만료일을 따라야 하는지, 아니면 같은 항 단서에 따라 사업시행자가 별도로 정한 협의기간의 만료일을 따라야 하는지가 문제되는데, 같은 조 제1항 본문에서는 원칙적으로 같은 항 각 호에 따른 모든 협의 대상자의 토지, 건축물 또는 그 밖의 권리의 손실보상(이하 "손실보상"이라 함)에 관한 협의기간을 일괄하여 "관리처분계획이 인가·고시된 다음 날부터 90일 이내"로 정하고 있고(각주: 헌법재판소 2020. 9. 4. 선고 2018헌바239 결정례 참조), 같은 항 단서는 손실보상에 관한 협의의 시기(始期)를 앞당기기 위한 취지(2017. 1. 20. 의안번호 제2005187호로 발의된 도시 및 주거환경정비법 전부개정법률안(대안)에 대한 국회 법제사법위원회 체계자구검토보고서 참조)로 분양신청기간 종료일의 다음 날을 협의 개시일로 정할 수 있는 예외를 규정한 것이므로, 같은 조 제2항에서 본문과 단서를 구분하지 않고 "제1항"만을 인용하고 있다 하더라도 **"그 기간의 만료일"로 인용할 수 있는 규정은 협의기간 만료일을 명시적으로 규정하고 있는 같은 조 제1항 본문으로 보아야 합니다.**

또한 도시정비법 제73조 제1항 및 제2항의 개정 당시 국회 국토교통위원회 심사보고서에서는 조합원이 분양을 신청하지 않는 등의 사유로 현금청산을 하는 경우 관리처분계획이 인가·고시된 다음 날부터 90일 이내에 손실보상 협의를 하되, 협의가 성립되지 않으면 수용재결 또는 매도청구소송을 거치도록 하여(2016. 8. 18. 의안번호 제2001642호로 발의된 도시 및 주거환경정비법 전부개정법률안에 대한 국회 국토교통위원회 심사보고서 참조) 같은 조 제1항과 제2항의 선후관계를 명확히 밝히고 있다는 점에 비추어 보더라도, 같은 조 제2항에서 의미하는 "그 기간의 만료일"은 같은 조 제1항 본문에 따른 협의기간을 전제로 한다고 할 수 있습니다.

한편, 도시정비법 제74조 제1항에서는 분양신청기간이 종료된 때에 관리처분계획을 수립하여 인가를 받도록 하면서 같은 법 제73조 제1항 제4호에서는 관리처분계획에 따라 분양대상에서 제외된 자를 손실보상에 관한 협의의 상대방으로 정하고 있는데, **만약 사업시행자가 정한 협의 기간의 만료일을 같은 조 제2항에 따른 "그 기간의 만료일"로 보는 경우, 사업시행자가 정한 만료일의 시점에 따라서는 관리처분계획의 인가·고시일 전에 손실보상에 관한 협의 기간이 종료되는 경우도 발생**할 수 있고, 그 결과 같은 조 **제1항 제4호에 해당하는 자와는 협의를 할 수 없게 되는 문제가 발생**하게 되므로 같은 조 제2항에 따른 **"그 기간의 만료일"을 같은 조 제1항 단서에 따라 사업시행자가 별도로 정한 협의 기간의 만료일로 보는 것은 타당하지 않습니다.**

따라서 이 사안의 경우 도시정비법 제73조 제2항에 따른 "그 기간의 만료

> 일"은 같은 조 **제1항 본문에 따른 협의 기간의 만료일**을 의미합니다.

　법제처는 분양신청기간이 종료된 이후 조합이 협의를 시작할 수 있지만 조합이 임의로 정한 협의 기간이 만료되었어도 협의 기간의 종료는 관리처분계획이 인가·고시되는 날로 보아야 한다는 것이다.

　필자의 견해는 법원 판결과 같다. 조합은 사업 진행 과정에서 필요에 따라 분양신청기간 종료 후 도시정비법 제73조 제1항 단서 규정을 근거로 협의절차를 신속히 진행할 수 있으며, 협의 기간이 종료되면 수용재결을 신청할 수 있다고 보는 것이 타당하다. 이는 도시정비법 제73조 제1항 단서의 존재 이유와 법의 근본적인 취지와도 부합한다. 더 나아가 개정된 규정은 구법(분양신청 마감일부터 150일 이내에 청산금을 지급해야 했던 규정)을 계승하면서도 조합의 사업비 마련이 어려운 시점이라는 현실을 고려해 현금청산 절차를 관리처분계획인가고시 이후로 미룬 것일 뿐, 그 이전에 수용절차 및 매도청구 절차 진행을 위한 사전협의를 금지하거나 그 종료의 효과를 부정하려는 의도는 아니라고 해석된다.

　법제처는 도시정비법 제73조 제1항 제4호에 해당하는 자가 협의 대상에서 누락될 수 있다고 지적한다. 그러나 분양신청을 하지 않은 자에 대하여 사업시행자가 정한 협의 기간 종료일과 그 효과가 관리처분계획에 따라 분양 대상에서 제외된 자에게도 함께 미친다는 잘못된 판단에서 나온 지적이다. 분양신청기간이 종료되면 분양신청을 하지 않은 사람을 상대로 협의 기간을 정하고 그 협의 기간이 종료되면 분양신청을 하지 않은 자에 한하여 협의 및 그 종료의 효과가 발생할 뿐이다.

따라서 관리처분계획에 따라 분양대상에서 제외된 현금청산자가 발생할 경우 제73조 제1항의 본문에 따라 관리처분계획인가고시 후에 90일 이내 별도의 협의절차를 거치면 될 문제이므로 관리처분계획인가고시 전에 협의절차의 개시 및 종료를 인정하지 않을 이유는 없다.

한편 분양계약을 체결하지 않은 자에 대해서는 조금 문제가 있다. 분양계약을 체결하지 않은 자는 도시정비법 자체에서 규정하지 않고 정관 및 관리처분계획에서 도시정비법 제73조를 준용하여 현금청산하도록 하는 것이 보통이고, 이러한 정관규정 및 관리처분계획은 유효하다고 대법원은 판시하고 있다.

그러나 분양계약을 체결하라는 통지가 이루어지는 시점은 관리처분계획이 인가·고시된 이후이며 더 나아가 이주가 완료된 뒤이므로 도시정비법 제73조 제1항 본문에서 규정한 90일이 한참 지난 시기다. 따라서 협의할 수 있는 근거가 없으므로 이 법에 특별히 정하지 않은 경우라고 보아 수용절차의 일반 법리에 따라 토지보상법상 협의를 거쳐야 한다고 볼 여지가 있다. 물론 재건축사업에서는 토지보상법 적용 자체가 없으므로 매도청구소송 제기 전에 협의 자체가 불요하다고 해석할 여지도 있다.

2. 보상금증액소송에서 감정평가 결과 보상금이 증액되어도 청구가 기각되는 경우 _주영

재개발사업에서 현금청산자가 된 사람은 조합과 현금청산 금액에 대해 협의를 거치게 된다. 협의가 성립되지 않으면 조합은 지방토지수용위원회에 수용재결을 신청할 수 있다. 이후 수용재결로 정해진 보상금액이 마음에 들지 않으면 현금청산자는 중앙토지수용위원회에 이의신청할 수 있다. 만약 중앙토지수용위원회의 이의재결도 만족스럽지 않다면 관할 행정법원에 보상금 증액소송을 제기할 수 있다.

현금청산자가 제기한 보상금 증액소송에서는 조합과 현금청산자가 다투어 온 중앙토지수용위원회의 이의재결 결과가 위법함을 소를 제기한 원고가 입증해야 한다. 입증의 방법은 결국 감정평가의 위법이다. 현금청산자들은 이러한 점을 입증하기 위해 법원에 감정을 신청할 수 있고, 법원은 특별한 사정이 없으면 감정신청을 받아들여 법원이 직권으로 지정한 감정인을 통해 다시 한번 감정평가를 한다.

예를 들면 중앙토지수용위원회에서 1억 1천만 원이 이의재결되었다. 그런데 법원에서 다시 감정한 결과 1억 2천만 원이 감정되었다. 중앙토지수용위원회 감정 및 이의재결과 법원의 감정 결과가 다르게 나온 것이다. 그렇다면 중앙토지수용위원회의 이의재결은 위법해지는가? 또한 법원의 감정이 언제나 옳은 것일까? 즉, 법원 감정평가 금액이 높다는 이유가 중앙토지수용위원회의 감정 및 이의재결이 위법함을 입증했다고 단정할 수 있는지에 대한 문제이다.

보상금 증감에 관한 소송에서 재결의 기초가 된 감정기관의 감정평가와 법원이 선정한 감정인의 감정평가가 개별요인 비교 등에 관하여 평가를 달리한 관계로 감정 결과에 차이가 생기는 경우 각 감정평가 중 어느 것을 택할 것인지는 원칙적으로 법원의 재량에 속한다. 이와 같은 법리에서 일부 하급심 법원은 다음과 같이 판결한 바 있다.

원고의 주장은 각 재결 감정에는 오류가 있고, 법원 감정은 정당하다는 것을 전제로 하므로, 이에 관하여 본다.

아래는 최근 하급심 판결의 판시 사항이다.

> **광주고등법원**
>
> 앞서 든 각 증거 및 변론 전체의 취지를 종합하면 각 재결감정 및 법원감정은 모두 각 토지에 대한 비교표준지를 선정하고, 비교표준지 공시지가의 시점 수정을 위한 지가변동률을 감안하고, 각 토지와 비교표준지의 개별요인(접근 조건, 환경 조건, 행정적 조건, 기타 조건 등)을 비교하여 보정치를 산정한 다음, 그 밖의 요인 보정을 위하여 인근의 거래 사례를 참작하는 방법으로 이루어진 사실, 각 재결감정 및 법원감정에서 선정된 비교표준지는 모두 동일한 사실, 각 재결감정 및 법원감정의 개별요인 및 그 밖의 요인에 관한 보정치에 근소한 차이가 있는 데서 기인하는 사실이 인정된다.
>
> 여기에 개별요인 및 그 밖의 요인에 관한 보정치 산정에는 감정인의 판단이 개입될 수밖에 없어 감정마다 결과가 다소 달라질 수 있는 점, **각 재결감정에서의 보정치 산정이 합리적 근거 없이 자의적으로 이루어졌다는 등의 특별한 사정은 보이지 않는 점, 각 재결감정에 다른 오류나 하자가 있다고 볼 사정도 없는 점 등을 종합하여 보면, 각 재결감정의 평가액을 산술 평균하여 이 사건 재결로 정해진 보상금은 정당한 보상 가액으로 인정할 수 있다.** 이와 다른 전제에 선 원고의 주장은 이유 없다.

위 사안은 중앙토지수용위원회에서 한 감정 결과보다 법원 감정금액이 더 높게 책정된 상황에서 법원 감정금액을 인정하지 않고 중앙토지수용위원회가 한 감정 및 이의재결을 인정하면서 원고의 청구를 기각한 사안이다.

기계적으로 무분별하게 제기되는 보상금 증액소송에서 앞으로 이런 판결은 더 많아질 것으로 생각한다. 보상금 증액의 소송이 모색적 증거신청을 수반한 소송이 되어가는 형국은 지양되어야 한다고 생각한다.

조합은 법원 감정인이 감정한 금액대로 무조건 보상금을 지급해야 한다고 단정해서는 안 된다. 즉, "법원에서 감정되었으면 판결까지 가지 말고 빨리 화해권고를 받아 종결하자"라고 모든 사건을 속단하여서는 안 된다. 사안에 따라 끝까지 다투어 법원의 감정이 잘못되었다거나, 중앙토지수용위원회의 감정이 더 타당하다거나, 특별히 중앙토지수용위원회가 감정한 감정서에 위법이 있다고 볼 수 없다는 취지로 원고의 청구를 기각해달라는 취지의 주장을 적극적으로 해야 하는 경우도 있음을 알아야겠다.

[3. 수용재결이 있었음에도
이주하지 않으면 형사처벌_주영]

　현금청산자는 손실보상금에 대하여 지방토지수용위원회, 중앙토지수용위원회, 행정소송의 각 절차로 불복할 수 있다. 그런데 불복절차가 계속되고 있어도 지방토지수용위원회의 수용재결서에 기재된 수용의 개시일까지 소유권을 조합에게 이전하고 부동산을 조합에게 인도해야 한다. 즉, 보상금이 낮다고 다투는 불복 절차는 보장해주되 조합에게 소유권 이전 및 부동산을 인도하고 구역 밖으로 이전한 상태에서 중앙토지수용위원회 및 행정소송을 진행하라는 것이다.

　관련 규정을 살펴보자. 토지보상법 제43조(토지 또는 물건의 인도 등)에서는 "토지소유자 및 관계인과 그 밖에 토지소유자나 관계인에 포함되지 아니하는 자로서 수용하거나 사용할 토지나 그 토지에 있는 물건에 관한 권리를 가진 자는 수용 또는 사용의 개시일까지 그 토지나 물건을 사업시행자에게 인도하거나 이전하여야 한다" 라고 규정하고 있다.

같은 토지보상법 제95조의2 규정에서는 제43조를 위반하여 토지 또는 물건을 인도하거나 이전하지 아니한 자에 대해서 1년 이하의 징역 또는 1천만 원 이하의 벌금에 처하도록 형사처벌 규정이 마련되어 있다.

위 규정에 따라 인도를 거부하여 조합으로부터 고소 또는 고발되면 검사의 청구에 따라 법원은 아주 특별한 사정이 없으면 200~300만 원 정도의 벌금으로 약식명령을 내린다. 다만 도시정비법 및 토지보상법상 손실보상이 완료되지 않았다면 지방토지수용위원회의 재결이 있었다는 사정만으로 유죄를 판단할 수 없다.

완료되지 않은 손실보상의 예를 들어보면 ①현금청산 대상자로 토지 및 건물에 대한 보상은 수용재결을 통해 이루어졌으나 별도 이주정착금, 주거이전비, 이사비가 지급되지 않았을 경우, ②같은 현금청산 대상자에게 영업손실보상이 이루어지지 않은 경우 등이 이에 해당한다. 물론 도시정비법 및 토지보상법 관련 규정에 따라 이주정착금, 주거이전비, 이사비, 영업손실보상 대상 요건에 해당하여야 함은 당연하다.

다만 수용재결을 거쳤으나 감정평가 및 심의 과정에서 일부 누락된 지장물 또는 면적이 있거나 영업손실보상 항목 중 이전비만 보상되었을 뿐 휴업보상이 누락되었다는 이유로 인도를 거부할 수는 없다. 즉, 수용재결의 보상 항목 중 하나에 불과할 경우 그 일부가 수용재결에서 누락되었더라도 이를 두고 손실보상이 완료되지 않았다고 볼 수 없다. 따라서 조합의 인도 청구에 응해야 한다.

4. 현금청산금에서 이주비 대출금 및 그 이자는 반환 또는 공제대상 _주영

현금청산자에게 사업비를 물리기 위해서는 정관에 이미 명확하게 규정되어 있거나 총회에서 미리 의결되어 있어야 한다. 또한 비용을 물릴 수 있다고 해도 그 사업비 내역은 탈퇴 시점에서 현금청산 대상자가 부담하는 것이 타당한 범위 내의 합리적인 비용만을 한정하여 규정해야 한다.

대법원은 "비용 부담과 관련하여 잔존 조합원에게 보장되는 절차적 정당성 등을 고려할 때, 탈퇴하고자 하는 조합원에게 비용 부담에 관하여 필요하고도 충분한 정보를 제공하여 합리적으로 탈퇴 여부를 결정할 수 있도록 현금청산 대상자가 조합 관계의 탈퇴 시점에서 부담하게 될 비용의 발생 근거, 분담 기준과 내역, 범위 등에 관한 구체적 정보를 정관 등으로 규정할 필요가 있다. 정관 조항이나 조합원총회의 결의 등으로써 '현금청산 대상자는 조합원의 지위를 상실할 때까지 발생한 사업비용 중 일정 부분을 부담한다'라는 내용을 추상적으로 정한 것만을 근거로 현금청산 대상자가 예상하지 못한 내용과 규모의 정비사업비를 부담하도록 하는 것은 잔존 조합원과 탈퇴 조합원 사이의 형평에 반한다. 더 나아가 재개발사업이 기존의 건물을 철거한 후 그 대지 위에 새로운 건물을 건축하여 분양함으로써 그로 인한 수익을 조합원들에게 분배하는 것을 목적으로 함에도 현금청산 대상자는 재개발사업의 중간 단계에서 조합 관계에서 탈퇴하여 그와 같은 분양 수익을 누리지 못하므로 적어도 분양 수익에만 기여하는 비용은 현금청산 대상자에게 부담하도록 하여서는 안 된다. 또 잔존 조합원들의 이익으로만 귀속되는 비용(정비기반 시설 공사비 등)이나 전적으로 새롭게 건축되는 건물의 형성에만 기여하는 비용(신축 건물의 대지조성·건축 공사비 등) 등도 특별한 사정이 없는 한 합리적인 범위 내의 비용으로 보기는 어렵다"라고 판시한 바 있다.

반면 현금청산자가 조합원이었을 당시 받은 이주비 대출금 및 그 이자에 관하여 대법원은 "원고들은 분양신청을 하지 않아 분양대상에서 제외됨으로써 분양신청기간이 종료한 다음 날 조합원의 지위를 상실하여 현금청산 대상자가 되었고, 피고가 원고들을 대신하여 이주비 대출금에 대한 이자를 납부하여 주기로 한 약정은 원고들의 조합원 지위가 유지되는 것을 전제로 하는 것으로 보이므로, 피고는 원고들이 조합원 지위를 상실한 이후에 원고들을 대신하여 납부한 이주비 대출금 이자에 상당하는 금액을 원고들에 대하여 구상할 권리를 가진다"라고 판시한 바 있다.

즉, 현금청산자가 조합원이었을 당시의 기간을 산정하여 그 기간만큼의 사업비를 공제해야 하는지에 대한 쟁점과는 달리 조합원임을 전제로 받은 이주비 대출금 및 그 이자는 사업비와는 다르다.

보통 이주비 대출이자는 조합원들이 입주할 때 정산하는 것으로 되어있다. 따라서 조합원이 이주비를 대출받은 이후 현금청산자가 되기 전까지 이주비 대출금에 대한 이자를 납부하지 않고 그 금액 상당의 이익을 얻었음은 분명하다. 따라서 대출금이 실행된 이후부터 대출금을 완전하게 변제할 때까지 누적된 이자금을 조합에 반환해야 한다.

5. 20일 범위 안에서 분양신청기간을 연장할 경우_주영

　분양신청기간 연장 통지를 받지 못해 분양신청을 하지 못하였고 그로 인하여 현금청산자가 되어 수용재결 절차가 진행되었다. 이에 조합은 적법한 수용재결이 있다는 것을 전제로 건물 인도를 구하는 소송을 제기하였는데, 소송에서 피고는 ①분양신청기간을 연장하였음에도 연장된 분양신청 통지서가 적법하게 도달되지 않았고, ②이에 따라 분양신청을 하지 못해 현금청산자가 되었기 때문에, ③현금청산자임을 전제로 이루어진 수용재결 및 관리처분계획은 그 하자가 중대하고 명백하여 무효라고 다투면서 건물 명도를 거부하였다.

　이에 수원지방법원에서는 ①조합원 명부에 기재된 조합원의 주소로 분양신청의 통지를 하면 되고 각 통지를 할 때마다 실제 주소를 일일이 확인할 의무가 있다고 보기 어려우며, ②등기가 중도에 유실되었다거나 반송불요의 방식으로 발송되었다는 등의 사정이 없어 특별한 사정이 없는 한 적법하게 배달되었다고 추정될 수 있고, ③조합 정관에 조합원은 그 주소가 변경된 경우 이를 조합에 신고하도록 하고 있고 주소변경 신고를 하지 아니한 것으로 인한 불이익은 조합원이 부담하도록 규정하고 있는데 피고가 주소변경 사실을 신고하였다고 인정할 자료도 없으며, ④도시정비법 제48조 제1항 규정에 의한 관리처분계획의 수립에 지장이 없다고 판단되는 경우 분양신청기간을 20일 범위 안에서 연장할 수 있다고 규정하고 있어 구도시정비법 관련 조항의 문언상 분양신청기간을 연장하는 경우에도 사업시행자가 이를 다시 통지할 의무가 있는지도 불명확하다는 등의 사유로 피고가 현금청산자가 된 것은 적법하고 그에 따라 이루어진 관리처분 및 수용재결 역시 적법하므로 조합에 건물을 인도해야 한다고 판결한 바 있다.

이 판결은 분양신청기간을 연장할 경우 그 분양신청에 관한 통지를 통상의 분양신청과 같이 해야 하는지에 대한 법원의 판단이 있었다는 점에서 의미가 있다. 또한 조합원의 주소변경 신고 의무 불이행에 따른 불이익이 당해 조합원에게 귀결될 수 있음을 보여주기도 한 사례이다.

다만 분양신청기간에 분양신청을 하지 않은 것과 할 수 없었던 것은 전혀 다르다. 조합은 기존 조합원의 분양권리를 최우선으로 하여 이를 보장해주어야 한다. 따라서 조합이 사업을 진행하면서 가장 핵심적인 절차인 분양신청 통지 및 그 연장 통지 등과 같은 중요한 서류는 적시에 그리고 적법하게 잘 도달되었는지 확인하고 통지가 이루어지지 않았을 경우 가능한 모든 방법을 동원하여 (전화, 문자, 메일, 현수막 등) 각 조합원에게 분양신청에 대한 안내가 도달할 수 있도록 해야 할 것이다.

6. 현금청산금액이 협의금액보다 더 낮게 나올 수 있나 _주영

 일반적으로 사업시행자와 수용대상자 사이 협의 과정에서 수용대상자는 사업시행자가 제시한 금액이 타당하지 않다고 주장하여 협의가 불성립되고 이에 사업시행자는 수용재결을 신청한다. 수용재결은 지방토지수용위원회가 관할하나, 국가 또는 시·도가 사업시행자인 경우 중앙토지수용위원회가 수용재결과 이의재결을 모두 관할한다.

 사업시행자가 대한민국인 공익사업에서 중앙토지수용위원회에 수용재결이 접수되었지만 수용재결의 결과 보상 협의 금액으로 제시된 금액보다 낮은 금액으로 수용재결된 사안에서 수용대상자는 불이익 변경금지의 원칙을 주장하는 경우가 있다. 즉, 협의단계에서 제시된 금액보다 낮은 금액으로 수용재결된 것은 행정심판법 제47조 제2항 "위원회는 심판청구의 대상이 되는 처분보다 청구인에게 불리한 재결을 하지 못한다"라는 규정에 반한다는 것이다. 그러나 이런 주장에 대해 서울고등법원은 "행정심판법 제47조 제2항은 재결청으로 하여금 심판청구의 대상이 되는 처분보다 청구인에게 불리한 재결을 하지 못하도록 정하고 있을 뿐인 바, 토지보상법에 의한 토지의 협의취득 또는 보상합의는 공공기관이 사경제 주체로서 행하는 사법상 매매 내지 사법상 계약의 실질을 가지므로 피고가 원고와 이 사건 토지의 취득을 위한 협의 과정에서 원고에게 잔여지 가격감소로 인한 손실보상액을 64,116,000원으로 제시하였다고 하더라도 이를 행정처분이라고 볼 수 없고, 따라서 중앙토지수용위원회가 잔여지 가격감소로 인한 손실보상금을 구하는 원고의 청구를 기각하는 재결을 하고 그에 대한 이의신청도 기각하였다고 하더라도 이를 두고 행정심판법 제47조 제2항을 위반한 것이라고 할 수 없다"라고 판시한 바 있다.

다만 지방토지수용위원회에서 한 수용재결에 불복하여 이의신청한 경우 그 이의신청자에게 불이익하게 중앙토지수용위원회가 이의재결할 수 없다. 협의보상금의 제시는 처분이 아니지만 수용재결은 명백한 처분이기 때문이다.

또한 중앙토지수용위원회의 이의재결에 불복하여 보상금 증액 소송을 제기한 경우도 법원은 중앙토지수용위원회의 이의재결보다 불이익하게 판결할 수 없으므로 청구를 기각함에 그칠 것이지 변경하여 감액 판결을 할 수는 없다.

사업시행자는 지방토지수용위원회의 수용재결처분에 대해 불복할 수 있다. 즉, 수용위원회가 1억 원이라는 보상금을 수용재결했을 경우 사업시행자는 수용보상금이 과하다는 이유로 중앙토지수용위원회에 감액해달라는 취지의 이의신청을 할 수 있다. 이때 사업시행자가 주장하는 금액과 지방토지수용위원회가 인정한 금액의 차액을 사업시행자는 법원에 공탁해야 한다.

만약 사업시행자가 9천만 원이 적절한 보상금이라고 주장하면서 1천만 원을 불복 공탁하였고, 이를 이유로 중앙토지수용위원회에 이의신청하여 중앙토지수용위원회가 이의신청을 인용하였다면 수용위원회가 재결한 보상금은 1억 원에서 9천만 원으로 변경된다.

이러한 이의신청은 사업시행자에게 주어진 별도의 불복 절차다. 따라서 이런 절차에 따라 수용보상금이 감액되는 것은 현금청산자 입장에서 보상금이 줄어드는 결과가 되겠지만 이를 두고 불이익변경금지원칙에 반한다고 보지 않는다.

불이익변경금지원칙은 지방토지수용위원회의 수용재결에 대해서 보상금이 적다는 취지로 오직 현금청산자만이 중앙토지수용위원회에 이의신청하였을 때, 중앙토지수용위원회에 이의재결에 보상금이 적다는 취지로 오직 현금청산자만이 행정법원에 보상금 증액 소송을 제기하였을 때만 적용된다.

따라서 조합은 수용위원회가 재결한 보상금 또는 중앙토지수용위원회가 이의재결한 보상금이 과하여 감액을 구하는 취지의 이의신청 또는 행정소송을 할 필요는 없는지 꼼꼼하게 살펴야 한다. 만약 현금청산자만 불복한 이의신청 또는 행정소송에서 이전 절차에서 결정된 수용보상금이 과하게 책정되었다고 조합이 주장해봐야 감액되지 않는다. 감액을 주장하기 위해서는 과하게 책정된 금액이라 주장하는 금액을 분리하여 사전에 불복 공탁해야 했는데 그런 공탁도 하지 않았다면 더더욱 감액될 수 없다.

실제로 수용재결 단계에서 평가된 영업보상금이 187,949,600원이었으나 이의재결 단계에서 영업보상금이 305,278,630원으로 과도하게 평가되어 재결된 사안에서, 필자와 우리 법무법인이 조합을 대리하여 187,949,600원을 초과하는 보상금은 인정할 수 없다는 취지의 보상금감액청구소송을 수행하여 승소한 바 있다.

일정 기간 내에 조합의 불복 공탁과 감액 취지가 담긴 적극적인 이의신청 및 보상금감액소송이 제기되지 않는다면, 조합의 주장이 타당하다고 해도 이의신청 또는 보상금 증액의 소를 제기한 현금청산자에게 불이익한 결정 또는 판결을 할 수 없다.

8장
조합원의 각종 부담금 반환청구 방법과 조합사업 마무리

1. 학교용지부담금 부과에 대한 대응 방안 _유재벌
2. 국·공유지 매매계약 관련 부당이득금 반환의 문제 _정효이
3. '재건축초과이익환수제'는 블랙코미디 _김정우
4. 재건축초과이익환수에 대한 원론적인 고찰 _김택종
5. 재개발 재건축조합 해산 규정 보완이 필요하다 _김정우

1. 학교용지부담금 부과에 대한 대응 방안 _유재벌

중앙행정기관의 장, 지방자치단체의 장 등 법률에 따라 부과 권한을 부여받은 자가 특정 공익사업과 관련하여 법률에서 정하는 바에 따라 조세 외의 금전지급의무를 부과하는 경우가 있다. 이를 '부담금'이라고 하는데, 재화 또는 용역의 제공과는 무관하며 그 명칭도 분담금, 부과금, 기여금 등 다양한 것이 특징이다. 주택정비사업에 있어서 대표적인 부담금으로 광역교통시설부담금, 원인자부담금, 학교용지부담금, 재건축부담금 등이 있다.

학교용지 확보 등에 관한 특례법(이하 '학교용지법')은 100세대 규모 이상의 주택건설용 토지를 조성·개발하거나 공동주택을 건설하는 개발사업에 대하여 시·도지사가 학교용지를 확보하거나 학교용지를 확보할 수 없는 경우 가까운 곳에 있는 학교를 증축하기 위하여 개발사업의 시행자에게 징수하는 경비를 말한다.

즉, 100세대 이상의 공동주택을 건설하는 정비사업으로 해당 정비구역 내 세대수가 증가하는 경우에는 원칙적으로 학교용지부담금 부과대상이 된다. 최근 법제처는 주택법에 따른 리모델링 사업의 경우 증가하는 세대수가 100세대 이상인 경우가 아닌 해당 리모델링에 따라 발생하는 전체 세대수를 기준으로 100세대 이상인지를 판단해야 한다고 유권해석한 바 있다.

이때 개발사업 시행자가 부담할 구체적인 학교용지부담금은 '일반분양 전체평균가×증가 세대수×8/1000'인 바 그 금액이 상당하여 개발사업의 시행자에게 큰 부담이 되고 있다. 구체적으로는 '증가 세대수' 산정에 관하여 분쟁이 많다.

학교용지법은 '임대주택을 분양하는 경우'에 해당하는 개발사업분에 대해서는 학교용지부담금을 부과·징수할 수 없도록 규정하고 있다. 이때 해당 정비사업에 따라 공급되는 임대주택이 '공공임대주택'이나 '공공분양주택'에 해당하지 않는 탓에 향후 분양 또는 분양전환될 가능성이 없다고 하더라도 마찬가지로 학교용지부담금의 부과대상에서 제외되어야 한다. 또한 도시정비법 제54조에 따라 사업시행자가 건설하여 국토교통부 장관 등 인수자에게 공급한 국민주택규모 주택도 학교용지부담금 부과대상에서 제외되는 임대주택에 해당한다. 국민주택규모 주택은 인수자에게 공급되어 임대주택으로 활용할 것이 법령상 명백히 예정되어 있기 때문이다.

학교용지법은 '개발사업 시행 결과 해당 정비구역 내에 세대수가 증가하지 아니하는 경우'에 해당하는 개발사업분도 학교용지부담금을 부과·징수할 수 없는 것으로 규정한다. 학교용지부담금의 취지와 학교용지법의 내용 등에 의하면, 해당 정비사업의 시행 결과 정비구역 내의 세대수가 증가해야만 사업시행자에게 학교용지부담금을 부과할 수 있음이 명백하고, 이때 '정비사업시행으로 인하여 증가되는 세대수(=증가 세대수)'는 '정비사업에 따라 공급되는 공동주택의 세대수'에서 '정비사업 시행 이전 해당 정비구역 내의 전체 세대수(=기존 세대수)'를 빼는 방법으로 산정해야 한다.

이때 기존 세대수는 사업시행계획인가고시일을 기준으로 임차인을 포함한 전체 세대수를 기준으로 산정해야 한다. '정비사업으로 인한 인구유입, 그에 따른 취학수요의 증가'라는 관점에서 보면 기존 주택의 거주자가 소유자인지 임차인인지는 무관할 뿐 아니라 세입자를 제외하는 것은 합리적 근거가 없기 때문이다. 또한 기존 세대수는 주민등록법에 따라 전입신고를 마친 세대수를 기준으로 산정하는 것이 타당하다.

실제로 분양되지 않은 미분양 및 보류지 세대 역시 정비사업의 시행으로 증가되는 세대수 산정에서 제외하여야 한다. 학교용지법 제5조의2 제2항은 학교용지부담금의 산정은 '분양가격'을 기준으로 하도록 정하고 있고, 공동주택을 분양하는 자가 공동주택을 분양한 때에는 분양자료를 시·도지사에게 제출하도록 하고 있으며 시·도지사는 그 분양자료를 받은 때에 즉시 부담금의 액수 등을 기재한 납부고지서를 발부하여야 한다고 규정하고 있는 바 학교용지부담금의 부과요건 충족 시기를 '분양공급계약체결 시'로 명시한 것이기 때문이다.

재개발 재건축 정비사업조합 등 개발사업의 시행자는 행정청이 적법하게 학교용지부담금을 산정하여 부과하였을 것으로 생각하여 안일하게 대처하기보다는 주택정비사업에 경험이 많은 법률전문가와 상의하여 적법성 여부를 검토한 후 이의신청, 행정소송 등에 적극적으로 대처할 필요가 있다. 특히 행정소송은 민사소송과 달리 제소기간(90일) 내에 취소소송으로 제기하여야만 승산이 높고, 산정된 학교용지부담금액 중 일부라도 위법한 경우에는 전부 취소한다는 점을 인지할 필요가 있다. 행정청 역시 위와 같은 점을 충분히 반영하여 추후 불필요한 법적 분쟁을 미리 방지하는 것이 바람직하다. 학교용지부담금 부과처분에 대한 개발사업자의 대응방법은 다음과 같다.

| 학교용지부담금의 부과 금액이 적법하게 산정되었는지 확인

학교용지법 제2조 제2호는 학교용지 확보 의무가 있는 개발사업을 건축법, 도시개발법, 도시정비법, 주택법 등에 따라 100세대 규모 이상의 주택건설용 토지를 조성·개발하거나 공동주택을 건설하는 사업으로 규정하고 있다.

이때 공동주택의 개발사업자가 부담할 구체적인 학교용지부담금은 앞서 설명한 바와 같이 1세대별 평균분양가격 × 증가 가구 수 × 8/1000이다.

이때 '증가 가구 수'가 문제가 될 수 있는데, '증가 가구 수'란 정비사업의 시행으로 증가하는 가구로서 '정비사업에 따라 공급되는 공동주택의 가구 수'에서 사업시행인가일을 기준으로 한 '정비사업시행 이전 가구 수'를 빼는 방법으로 산정한다.

다만 '정비사업에 따라 공급되는 공동주택의 가구 수'에서 임대주택 가구 수는 공제되어야 하고, '정비사업시행 이전 가구 수'에는 세입자 세대도 포함되어야 한다.

| 학교용지법에는 필요적 면제 규정과 임의적 면제 규정이 모두 존재

부담금을 부과할 수 있는 개발사업 중에서도 사업시행자가 학교용지를 기부채납하거나 무상공급하는 경우, 노인복지주택 등 취학수요가 발생하지 않는 용도의 개발사업을 시행하는 경우에는 부담금을 필요적으로 면제해야 한다.

문제는 시·도지사는 최근 3년 이상 취학 인구가 지속해서 감소하여 학교 신설의 수요가 없는 지역에서 개발사업을 시행하는 경우 학교용지부담금을 면제할 수 있다고 규정하고 있으나, 이는 행정청의 재량행위에 해당한다는 점이다.

재량행위인 학교용지부담금 부과 처분이 위법한 경우

재량행위는 법령이 정하는 재량권 행사의 한계를 벗어나거나 비례·평등원칙 등에 어긋나는 경우 재량권 일탈·남용으로 위법한 것이 된다. 또한 학교용지부담금의 설치 근거가 되는 부담금관리 기본법 제5조 제1항에서는 부담금은 설치 목적을 달성하기 위하여, 필요한 최소한의 범위 안에서 공정성 및 투명성이 확보되도록 부과되어야 하며, 특별한 사유가 없으면 하나의 부과 대상에 이중으로 부과되어서는 아니 된다고 규정하여 부담금 부과에서 준수되어야 할 한계를 명시하고 있다.

학교용지부담금은 순수한 재정 조달 목적의 부담금에 해당하므로 개발사업에 따라 개발사업지역에 취학 대상 인구가 유입되고 그로 인하여 새로운 학교용지 확보의 필요성이 요구된다고 보아야 한다.

나아가 사업 시행 지역이 '최근 3년 이상 취학 인구가 지속해서 감소하여 학교 신설의 수요가 없는 지역'에 해당하여 위 면제 조항의 요건을 만족하는 경우뿐 아니라, 사업 시행이나 부담금 부과 시점 현재 위 요건에 해당하지 않더라도 구체적인 사정에 비추어 장래에 학교 신설의 수요가 발생하지 않을 것으로 예상된다면 부담금을 부과할 수 없다고 보아야 하는 것이 타당하다.

따라서 개발사업자로서는 해당 지방자치단체의 학생 수가 지속해서 감소하는 추세에 있다는 점, 해당 개발사업으로 유입될 취학 아동, 중학생, 고등학생들이 다닐 초등학교, 중학교, 고등학교 취학 학생 수가 계속 감소하고 있다는 점, 개발 지역 및 인근에 새로 학교를 신설하거나 기존 학교 건물을 증축해야 할 필요성이 생겼다고 볼 수 없다는 점 등을 확인할 필요가 있다.

이를 객관적으로 입증한다면 학교용지부담금 부과 처분은 유동 인구나 지역적 상황 또는 세대 변화 등을 고려할 수 있는 재량권을 감안하더라도, 필요 최소한의 범위 안에서만 부과되어야 하는 학교용지부담금 부과 기준을 벗어난 것이거나 비례의 원칙을 위반하여 재량권 행사의 한계를 넘어선 위법한 것으로 인정받아 부과 처분이 취소될 가능성이 있다.

 실제로 필자가 조합을 대리하여 수행한 사건에서 위와 같은 이유로 학교용지부담금 부과 처분을 취소한 사례가 다수 있다.

2. 국·공유지 매매계약 관련 부당이득금 반환의 문제 _정효이

정비사업구역 내 국·공유지의 경우 사업시행자인 조합은 국가 또는 지방자치단체와 감정평가 금액을 기초로 매매계약을 체결해 그 대금을 지급하고 소유권을 이전받는다. 그런데 그 국·공유지가 정비기반시설로서 도시정비법상 무상양도 대상임에도 불구하고 매매계약이 체결되어 대금이 지급된 경우가 있다. 조합은 무상양도 대상임을 이유로 위 국·공유지에 대한 매매대금을 다시 반환받을 수 있을까?

도시정비법 제97조 제2항은 사업시행자가 정비사업의 시행으로 새로 설치한 정비기반시설은 그 시설을 관리할 국가 또는 지방자치단체에 무상으로 귀속되고, 정비사업의 시행으로 용도가 폐지되는 국가 또는 지방자치단체 소유의 정비기반시설은 사업시행자가 새로 설치한 정비기반시설의 설치비용에 상당하는 범위에서 그에게 무상으로 양도된다고 규정한다. 즉, 사업시행자인 조합은 정비사업의 시행으로 정비 기반을 새로 설치해 이를 국가 또는 지자체에 무상으로 귀속하기에 그에 상응하는 범위에서 용도 폐지되는 기존 정비기반시설을 무상으로 양도받을 수 있는 것이다. 그럼에도 매매계약을 체결하여 대금을 지급해 위 정비기반시설을 양도받았다면 위 규정에 반하는 바, 이를 이유로 매매대금에 대하여 부당이득반환을 구할 수 있는지 문제가 된다.

도시정비법 제97조 제2항의 강행규정성

대법원은 도시정비법 제97조 제2항에 대하여 "무상귀속을 내용으로 하는 전단 규정은 사업시행자의 재산권을 박탈·제한함에 그 본질이 있는 것이 아니라, 사업지구 안의 공공시설 등의 소유관계를 정함으로써 사업시행자의 지위를, 장래를 향하여 획일적으로 확정하고자 하는 강행규정이며 무상양도를 내용으로 하는 후단 규정의 입법 취지는 민간 사업시행자에 의하여 새로 설치된 정비기반시설이 전단 규정에 따라 관리청에 무상으로 귀속됨으로 인하여 야기되는 사업시행자의 재산상 손실을 고려하여, 그 사업시행자가 새로 설치한 정비기반시설의 설치비용에 상당하는 범위 안에서 정비사업의 시행으로 용도가 폐지되는 국가 또는 지방자치단체 소유의 정비기반시설을 그 사업시행자에게 무상으로 양도

되도록 하여 위와 같은 재산상의 손실을 합리적인 범위 안에서 보전해주고자 하는 데 있는 점 등에 비추어 후단 규정 역시 민간 사업시행자에 의하여 새로 설치될 정비기반시설의 설치비용에 상당하는 범위 안에서 용도 폐지될 정비기반시설의 무상양도를 강제하는 강행규정이다"라고 판시하였다.

이에 따라 새로 설치한 정비기반시설의 설치비용에 상당하는 범위 안에서 용도 폐지되는 기존 정비기반시설이 무상으로 양도되어야 함에도 조합과 국가 또는 지방자치단체 사이에 매매계약이 체결되었다면 이는 강행규정인 도시정비법 제97조 제2항을 위반한 것으로서 무효이다. 따라서 국가 및 지방자치단체는 그 매매대금을 받아 이득을 얻고 그로 인하여 조합은 같은 액수만큼의 손해를 입게 되었는 바, 국가 또는 지방자치단체는 조합에 부당이득으로 반환할 의무가 있게 된다.

무상으로 양도되는 국가 또는 지방자치단체 소유 정비기반시설의 의미

그렇다면 도시정비법 제97조 제2항의 무상양도 대상으로서 정비사업의 시행으로 용도가 폐지되는 국가 또는 지방자치단체 소유의 정비기반시설이란 무엇일까?

도시정비법 제2조 제4호는 정비기반시설에 대해 도로·상하수도·구거(溝渠: 도랑)·공원·공용주차장·공동구(「국토의 계획 및 이용에 관한 법률」제2조 제9호에 따른 공동구를 말한다. 이하 같다), 그 밖에 주민의 생활에 필요한 열·가스 등의 공급시설로서 대통령령으로 정하는 시설을 말한다고 규정하고 있다. 다만 대법원은 도시정비법 제97조 제2항의 '사업시행자에게 무상으로 양도되는 국가 또는 지방자치단체 소유의 정비기반시설'은 정비사업시행인가 이전에 이미 국토계획법에 따라 도시관리계획으로 결정되어 설치된 국가 또는 지방자치단체 소유의 기반 시설을 의미한다고 판시하여 그 범위를 제한하였다.

대표적인 예로, '도로'를 살펴보자. 이러한 도로가 도시관리계획으로 결정되어 설치된 기반 시설이라면 모두 도시정비법 제97조 제2항의 무상양도 대상일까? 서울동부지방법원은 도로에 관하여 도로법에 따른 노선인정 공고 및 도로구역의 결정·고시 혹은 도시계획시설로 결정된 후 실제 도시계획사업을 실시하였다는 자료가 존재하여야 하며 그러한 자료가 없는 이상 토지의 지목이 도로로 되어있다는 사실만으로는 국토계획법령이나 도로법에 따라 설치된 정비기반시설이라고 보기 어렵다고 판시하였다. 즉, 도시계획시설 결정이 있었을 뿐 아니라 그 외 실질적으로 도시계획사업을 실시하였다는 사실까지 있었음을 인정해야 하는 것이다.

대법원 역시 같은 논리로 그 현황이 도로이나 도로관리청이 노선인정 공고 등을 하여 직접 그 토지를 공공용 도로로 사용하거나 도로법 및 동 시행령에 따라 도로로 사용 또는 수용할 토지의 지번 및 소유자 등을 특정해 도로구역의 결정·고시를 한 적이 없는 이상 이러한 도로가 정비사업의 시행으로 인하여 용도가 폐지되는 정비기반시설에 해당하지 않는다고 판시하였다.

즉, 판례는 사업시행자에게 무상으로 양도되는 정비기반시설의 범위에 대해 단순히 도시계획시설로 결정될 뿐 아니라 도시계획사업의 실시 여부 등 그 범위를 제한적으로 보고 있다. 그러므로 사업시행자인 조합은 이러한 요건에 해당하는지 상세히 검토하여 도시정비법에서 정하는 무상양도 대상임을 확인하여야 한다. 이미 매매계약을 체결했다면 부당이득금의 반환을 구하는 것이 중요하다.

3. '재건축초과이익환수제'는 블랙코미디 _김정우

| 제정 후 19년, 비운의 법으로 전락한
재건축초과이익환수에 관한 법률

현행 법률 중 재건축초과이익환수제만큼 욕을 바가지로 먹고 있는 법률도 드물 것이다. 2006년 '재건축초과이익환수에 관한 법률'(이하 '재초환법')이 시행된 이후 재초환법은 각종 위헌 논란 속에 두 번의 유예를 거쳤다. 2018년 재시행 이후 지금까지도 위 법률이 적용되어 재건축부담금이 징수된 실적은 전혀 없다.

이런 가운데 재건축부담금을 직접 주관하고 징수해야 하는 국토교통부 장관마저 나서서 재초환법을 폐지해야 한다고 목소리를 높이고 있다. 재초환법은 지난 19년 동안 온갖 수모를 겪으면서 있으나 마나 한 비운(悲運)의 법으로 전락한 것이다.

| 해결되지 않은 정책적·법률적 결함

그런데도 재초환법은 헌법재판소의 합헌 결정을 등에 업고 부담금 부과라는 서슬 퍼런 칼날을 든 채 지금 재건축조합과 조합원들 앞에 다시금 우뚝 서 있다. 그런데 그 모습이 너무 우습다. 그 칼날을 제대로 휘두를 수나 있을지 의문이다. 이미 폐지 법안이 국회에 상정되어 있기 때문이다. 재초환법, 이쯤 되면 거의 블랙코미디 수준이라고 할 수 있지 않을까? 부끄러움을 무릅쓰고 지금까지도 잘 버티고 있는 재초환법에 대해 존경심마저 든다.

재초환법에 대해서 정책적·법률적 문제점이 꾸준히 제기되어 왔지만 사실상 아무것도 해결되지 않은 채 표류하고 있다. 재초환법이 시행되었지만 우리나라의 주택가격이 안정된 모습을 보인 적이 없다. 국민경제가 건전하게 발전되었다거나 사회 통합에 도움이 되었다는 어떠한 증거도 없다. 재초환은 정말 아무런 실질적인 명분도 없는 유치한 정치 싸움으로 전락한 구시대적인 제도라는 생각마저 든다.

| 재초환 적용에 실무상 치명적인 문제점

더 큰 문제는 재건축부담금 적용 실무에 있다. 부담금의 산정과 분배 그리고 이를 검증하는 데 적용되는 재초환법 및 관련 법령 내용 자체가 치명적인 문제의 시발점이다.

각 조합원이 가장 궁금해하는 것은 바로 본인의 구체적인 부담금 액수이다. 그런데 각 조합원의 개별 분담 금액을 산정하는 계산 방식이 재초환법 및 관련 법령 어디에도 명확하게 규정되어 있지 않다. 단지 재초환법 시행령 제4조는 조합원별 개시 시점 주택가격, 종료 시점 주택가격 추정액, 청산금을 고려하여 산정된 조합원별 순이익을 모두 합산한 총액에서 조합원별 순이익이 차지하는 비율에 기초하여 조합원별 재건축부담금의 분담 비율을 결정하여야 한다고 규정하고 있을 뿐이다.

무슨 소리인지 모르겠다. 더구나 조합원별 순이익이 무엇인지 그 정의도 없고, 구체적인 산술식조차 없는 상태에서 조합이 알아서 순이익을 계산하라는 것으로 풀이된다. 그런데 만약 이걸 잘못 계산하면 그 책임은 모두 조합이 떠안게 된다. 조합원들은 결국 계산을 잘못한 조합을 상대로 각종 소송을 제기하게 될 것이다. 사회 통합이 아니라 사회 분열을 가속화할 수도 있다.

두 번째로 재초환법에서 정상 주택가격 상승분은 정기예금 이자율과 해당 지역의 평균 주택가격 상승률 중 높은 비율을 적용하여 산정된다. 이러한 계산 방식은 재건축 아파트의 정상적인 가치 상승분을 고려하려는 취지에서 도입되었으나, 실제로는 여러 한계를 드러내고 있다. 특히 지역 평균 주택가격 상승률을 산출할 때 아파트뿐 아니라 빌라, 단독주택 등 모든 주택 유형이 포함되기 때문에 재건축 대상 아파트의 실제 가치 상승을 제대로 반영하지 못하는 구조적 문제가 있다. 마치 전교 1등의 성적을 다른 학생들 성적과 평균 내는 것처럼, 재건축 아파트의 진짜 가격 상승이 왜곡될 수 있는 구조이다. 이러한 왜곡은 재건축 아파트 소유자들에게 과도한 부담금을 부과할 가능성을 높이며, 재건축사업의 경제적 정당성을 훼손할 수 있다. 결과적으로 재건축 아파트 소유자들이 느끼는 불합리함은 사업 추진 과정에서의 갈등과 저항으로 이어지게 될 것이다.

| **검증 시스템도 불신, 폐지가 정답**

가장 심각한 문제점은 재건축부담금의 산정 및 검증 시스템이다. 재초환법 시행령에 따르면 재건축부담금 산출의 기준이 되는 주택 가액 조사와 산정 업무를 부동산 가격 조사 전문기관인 '한국부동산원'에 의뢰하도록 규정하고 있다. 그리고 위와 같은 주택 가액 등이 적절히 산정되었는지 검증하는 내용도 규정하고 있는데, 그 검증기관도 현행 법령에는 '한국부동산원'으로 규정하고 있다.

한국부동산원이 '북 치고 장구 치고' 다 한다. 검증이 제대로 이루어질 수 있을지 매우 의문이다. 초등학교 학생들도 웃을 수밖에 없는 법이다. 막장 코미디의 끝판왕을 보는 것 같다. 재초환법, 더 이상 이야기해봐야 입만 아프고 재건축조합원들의 머리만 아프다. 폐지가 답이다.

4. 재건축초과이익환수에 대한 원론적인 고찰
_김택종

　필자의 지인 중에 잘나가는 공부방 선생님이 있다. 그에게 배우려면 대기를 걸어놓고 반년 이상은 기다려야 하고, 수입은 대기업 10년 차인 배우자의 두 배가 넘는다. 그런데 그가 수업 준비를 하고, 학부모에게 피드백을 주고, 주말도 없이 일하는 것을 보면 그럴 만도 하다는 생각이 든다. 그런 그가 몇 년 전 경기도에 아파트 하나를 마련했는데 재건축한다고 하여 가격이 많이 올랐다고 한다. 같은 기간 공부방으로 벌어들인 돈보다 훨씬 많이 올랐단다. 지인은 죽어라 일해서 돈을 벌었는데 그냥 가지고만 있었던 아파트가 그렇게 가격이 오르니 허무하다고 했다. 그게 자기 아파트였음에도…, 남 얘기였다면 정말 배가 매우 아팠을 것이라고….

　시장 경제의 가장 큰 장점은 누구나 노력하는 만큼 대가를 얻을 수 있다는 점이다. 노력하는 만큼 얻는다는 믿음이 온전히 실현될 때 소위 '공정'한 사회인 것이고, 만약 누군가 노력 없이 많은 것을 얻는다면 '불공정'하다고 느낄 것이다.

그런데 시장 경제에 대한 맹목적인 믿음은 아이러니하게도 시장 경제를 무너뜨린다는 것을 역사가 알려주었다. 막대한 자본을 축적한 자들이 희소 재화를 독점하는 등으로 노력 이상의 결과물을 가져가면서 '공정성'을 무너뜨렸기 때문이다. 그래서 지금은 시장 경제를 온전히 방치하는 국가가 없다. 독과점을 규제하거나 인간 생존에 필수적이고 제한적인 재화는 자유로운 거래를 제한하는 등으로 국가가 어느 정도 시장에 개입하여 시장 경제 본연의 '공정성'을 유지하려고 한다.

재건축초과이익환수도 결국 '공정성' 유지를 위해 부동산 거래에 일정한 제약을 부여한 것이다. 아파트를 소유하고 있다는 사실만으로 '앉아서' 쉽게 이익을 얻는다는 것이 매우 '불공정'하기에, '앉아서' 얻은 이익을 국가가 환수해 가는 것이다.

여기까지만 보면 재건축초과이익환수의 명분은 분명하다. 부동산은 인간 생존에 필수적이고 제한적인 재화이므로 여느 재화처럼 온전히 시장에 맡겨서는 안 된다. 헌법도 이를 염두에 둬서 국토에 대해서는 특별 취급을 하고 있다. 재초환법이 헌법재판소에서 여러 차례 다투어졌지만, 지금까지도 합헌 결정이 유지되고 있는 이유이기도 하다. 그럼에도 재건축초과이익환수에 관한 위헌성 논란은 지금도 진행 중인 이야기이다.

예를 들어 어느 상가투자자가 아파트 재건축을 예측하여 그 주변 상가를 샀다고 생각해보자. 아파트 재건축에 따른 지가 상승의 효과는 단순히 당해 아파트에 그치지 않고 인근 지역에 새로운 인프라를 형성하거나 지가 상승을 초래한다. 지가가 어느 정도 올랐을 때 상가투자자가 상가를 팔아 시세차익을 얻었다면, 그의 투자 안목을 높이 평가해야 할까? 아니면 그의 시세차익에 배 아파해야 할까?

상가투자자가 재건축에 따라 지가 상승으로 이익을 본 것은 지인과 마찬가지인데, 상가투자자의 시세차익은 재건축초과이익환수의 대상이 아니다. 조금 일반화해서 말하면 부동산 개발이라는 우연한 사정으로 이익을 보는 것은 '앉아서 이익을 얻는 것'이라 '불공정'하다고 하지만, 부동산 역시 재화로서 시장에서 거래가 되고, 부동산 거래를 통해 부를 축적하는 것이 공공연한 현실이다.

특히 자산 중 부동산이 차지하는 비중이 월등히 높은 대한민국에서 어쩌면 다소 투박한 방식으로 재건축초과이익을 겨냥하여 이를 환수하는 것이 여전히 바람직하다고 할 수 있을지 다소 의문이다. 최근 재초환법은 그 규제를 완화하는 취지로 개정되었으나, 주변 이야기를 들어보면 이를 기다린 사람들의 기대에 한참 미치지 못한 것 같다.

5. 재개발 재건축조합 해산 규정 보완이 필요하다

_김정우

2003년 도시정비법이 시행된 이후 거의 20년이 되도록 정비사업 완료 후 조합해산 절차 등에 관한 명시적인 규정이 없었다. 조합해산을 강제하는 규정이 없어서 정비사업이 완료되었음에도 아무런 해산 절차 없이 방치되는 경우가 상당히 많았다. 이를 방지하기 위해 국회는 2022년 6월 10일 도시정비법 제86조의 2에 조합해산에 관한 규정을 신설했다.

도시정비법 제86조 2의 주요 내용과 취지

이 규정의 주요 내용은 ①조합장이 이전고시 후 1년 이내에 조합해산을 위한 총회를 소집해야 하고, ②조합장이 위 기간 내에 총회를 소집하지 않을 경우 조합원 5분의 1 이상의 요구로 소집된 총회에서 해산을 의결할 수 있으며, ③시장·군수 등은 조합이 정당한 사유 없이 해산을 의결하지 않을 경우 조합설립인가를 취소할 수 있다는 것이다.

법제처는 이 규정의 신설 이유에 대해 "정비사업 종료 후에도 조합임원이 고의로 조합해산을 지연시키는 것을 방지하기 위해 이전고시 후 1년 이내에 조합해산을 위한 총회를 소집하도록 하기 위함"이라고 밝혔다. 즉, 도시정비법 제86조의2는 정비사업이 완료되었음에도 해산을 지연시키며 조합원에게 분배할 청산금 정산 절차를 지연하거나 조합 경비를 함부로 지출하는 것을 방지하기 위해 신설된 것이다.

조합해산 규정의 실효성과 한계, 조합의 우려

조합의 해산에 관한 내용을 도시정비법에 명확히 규정했다는 점에서 긍정적으로 평가할 수 있다. 다만 조합해산에 필요한 구체적인 절차나 해산이 어려운 불가피한 사유 및 '정당한 사유'를 판단할 수 있는 기준이 없어 법적 다툼이 예상된다.

더구나 도시정비법 제86조의2 제1항은 조합장이 이전고시 후 1년 이내에 조합해산을 위한 총회를 소집하라고 규정하고 있지만, 실제로 이 기간을 지키기 어려운 경우도 있다. 조합을 해산하려면 시공자와의 공사비 정산, 세금 문제, 각종 소송의 종료 등 산적한 문제가 어느 정도 해결되어야 한다. 예를 들어 시공자와의 소송에서 수십억 원 이상의 공사비를 다툴 경우, 소송 결과가 조합원의 권리·의무에 상당한 영향을 미치게 된다.

이 같은 문제를 해결하려면 상당한 시간이 필요하며 1년이라는 기간은 이를 해결하기에 충분하지 않을 수도 있다. 조합원들도 해산이 지연될수록 손실이 증가하므로 고의로 해산을 지연시킬 가능성은 크지 않다.

| **조합해산 규정의 개선을 위한 제언**

물론 이전고시 후 신속히 해산하는 것이 사회적·경제적으로 유익할 수 있지만 1년 이내에 조합을 해산하지 못하는 정당한 사유는 조합의 상황, 조합원들의 의사, 진행 중인 소송 등을 종합적으로 고려해 판단해야 한다.

만약 도시정비법 제86조의2를 예외 없이 적용해 1년 내 해산을 의무화하거나 해산 미의결로 조합설립인가를 취소해야 한다고 해석할 경우, 조합의 사업과 문제가 제대로 해결되지 않아 분쟁이 추가로 발생할 수도 있다.

그러므로 조합장이 고의로 해산을 지연시킨다는 사정이 분명하지 않을 경우 시장·군수 등은 곧바로 조합설립인가를 취소하기보다는 지속적인 관리와 감독을 통해 문제를 신속히 해결한 뒤 해산을 독려하는 것이 바람직하다.

조합해산을 위한 총회가 소집되었음에도 조합원 반대로 해산이 부결된 경우에는 조합원 다수의 의사에 따른 것이므로 1년 내 해산 의결을 하지 못한 '정당한 사유'에 해당한다고 볼 여지가 있다. 이 같은 '정당한 사유'를 판단할 기준 등에 관해서는 관련 법령을 보완해 사전에 분쟁을 예방할 필요가 있다.

에필로그

재개발 재건축의 기준과 나침반이길 소망합니다

    정비사업은 수많은 이해관계 속에서 갈등과 타협, 결정과 책임이 반복되는 치열한 과정입니다. 그 중심에 선 조합임원은 단순한 행정절차의 관리자가 아닙니다. 법과 제도의 경계 위에서 조합과 정비사업의 전체 과정을 책임지는 판단자입니다. 이 책은 그런 임원들에게 주어진 책임을 외면하지 않고 정면으로 마주할 수 있는 기준을 제공하고자 집필했습니다. 조합임원에게 필요한 것은 정비사업을 정확히 이해하고 법적 원칙에 따라 움직이는 리더십입니다. 법과 절차를 지키는 것이야말로 조합을 분쟁에서 지켜내고 조합원에게 신뢰를 얻는 유일한 길입니다. 이 책이 그 길 위에서 흔들리지 않는 기준이 되기를 바랍니다.

_ 김정우

정비사업의 시작 단계인 준비위원회 구성부터 조합임원 자격, 시공자와 협력업체 선정, 조합원 분양, 매도청구, 명도소송, 학교용지부담금까지 실무에서 자주 부딪치는 핵심 쟁점을 중심으로 다루었습니다. 특히 법령 개정 동향과 하급심 판례를 교차 분석하여 조합임원과 실무자들에게 실질적인 가이드를 제공하고자 노력하였습니다. 이러한 노력이 조합임원과 실무자들에게 작지만 의미 있는 나침반이 되기를 바랍니다.

_ 유재벌

김향훈 대표 변호사님이 "변호사가 되었더라도 고시 공부 1년 더 한다는 생각으로 도시정비분야를 공부하라"라는 권면의 말씀을 했던 때가 생각납니다. 어느덧 도시정비분야에서 일한 지 8년 차가 되었습니다. 해를 거듭할수록 위 말씀이 또 생각나고 그 필요성을 느낍니다. 조합을 자문하는 변호사, 임원, 조합원 모두 위 분야에 발을 딛고 있는 한 공부하고 또 공부해야 함을 부정하기 어렵습니다. 이번에 집필한 이 책을 통해 많은 분께 그 수고를 덜어주고 정확성을 담보할 수 있길 희망합니다. 도시정비분야에서는 하나의 쟁점을 파악하고 결론지을 때 법, 시행령, 시행규칙, 조례, 계약업무 처리기준, 정관, 판례 등 수많은 근거 자료를 확인하곤 합니다. 심지어 법령의 개정 및 판례의 변경 등 근거의 내용이 변하기도 합니다. 방대한 자료들과 씨름하며 자문과 재판 업무로 정립한 이론과 실제를 여러분과 나눌 수 있어 기쁩니다. 그리고 법무법인 센트로와 함께 성장해온 시간에 감사합니다. 이 책을 통해 유익이 공유되길 바랍니다.

_ 이희창

    정비사업의 최전선에서 수년 동안 크고 작은 사건을 처리하며 전국의 많은 조합임원과 소통하였습니다. 정비사업은 근거 법령의 개정이 빈번하고 법령의 해석에 대한 법리적 다툼이 치열하여 끊임없는 연구, 검토 및 판례의 동향에 대한 이해가 필요합니다. 조합임원이라는 무겁고도 어려운 자리에서 시시때때로 변화하는 내용들을 따라잡기 위해서는 각고의 노력이 필요한데, 현장에서 만나는 조합임원들의 정비사업에 관한 전문성에 놀랄 때가 많습니다. 정비사업의 일선에서 사업을 이끌어가고 있는 분들께 보탬이 되고자 정비사업의 전 과정에서 가장 빈번하게 발생하는 이슈들을 선별하여 정리해 보았습니다. 수많은 사람의 이해관계가 첨예하게 대립하는 전쟁과도 같은 현장에서 무거운 소임을 다하고 있는 분들께 이 책이 자그마한 도움이 되길 바랍니다.

_ 임형준

    도시는 끊임없이 변화하고 그 변화의 이면에는 수많은 사람의 이해관계와 법의 언어가 교차합니다. 짧지 않은 기간 정비사업의 법과 현장을 지켜보며 누군가는 개발의 기회를 통해 인생을 바꾸고, 또 누군가는 그 그림자에 가려 소외되는 현실을 목격했습니다.

법과 제도는 그 복잡한 이해의 중간에서 균형을 잡으려 하지만 이 상과 현실은 늘 조금씩 어긋나는 것 같습니다. 이 책은 그 틈을 기록한 노력의 산물입니다. 정비구역 지정에서 조합설립추진위원회 승인과 조합설립, 사업시행계획인가와 관리처분계획인가, 이주 및 철거와 준공, 이전고시 그리고 재건축초과이익환수에 이르기까지 그 속에 담긴 질문들은 단순히 부동산의 문제가 아니라, 결국 우리가 어떤 공동체에서 살아가고 싶은가에 대한 고민이기도 합니다. 이 책이 독자에게 작은 나침반이 되기를 그리고 결국 우리가 만들어갈 도시는 더 공정하고 따뜻한 공간이 되기를 소망합니다.

_ 김택종

이 책은 정비사업 추진 과정에서 문제가 되었던 핵심 법률 쟁점들을 중심으로 우리 법무법인이 치열하게 다투고 자문했던 다수의 소송과 실무 경험을 바탕으로 집필했습니다. 조합임원 여러분이 도시정비사업을 보다 안정적이고 투명하게 추진하는 데 도움이 되길 바랍니다. 집필하면서 다수의 최신 판례와 사례를 자세히 검토하고 토론하였기에, 임원분들의 사업 추진 과정에서 든든한 동반자가 되리라 확신합니다.

_ 정효이

도시정비법이 제정·시행된 2003년 7월 1일부터 2025년 현재에 이르기까지 현금청산을 규정한 도시정비법 제73조(구 제47조)는 단 하나의 조문임에도 수많은 해석과 엇갈린 하급심 판단이 이어져 왔습니다. 이 조문은 그간 다섯 차례의 크고 작은 개정을 거쳤고, 대법원판례도 상당히 축적되어 이제는 어느 정도 정리된 절차에 따라 조합이 청산절차를 거칠 수 있게 되었습니다. '법무법인 센트로'에서 20년간 현금청산만을 전문적으로 담당해온 필자는 재개발 재건축사업을 추진하는 조합에 실질적인 도움이 될 여섯 가지 핵심 주제를 엄선하여 이 책에 담았습니다. 짧지만 알차고 실효성 있는 이 책이 불필요한 사업 지연을 막고 성공적인 사업 마무리에 든든한 밑거름이 되기를 기대합니다.

_주영